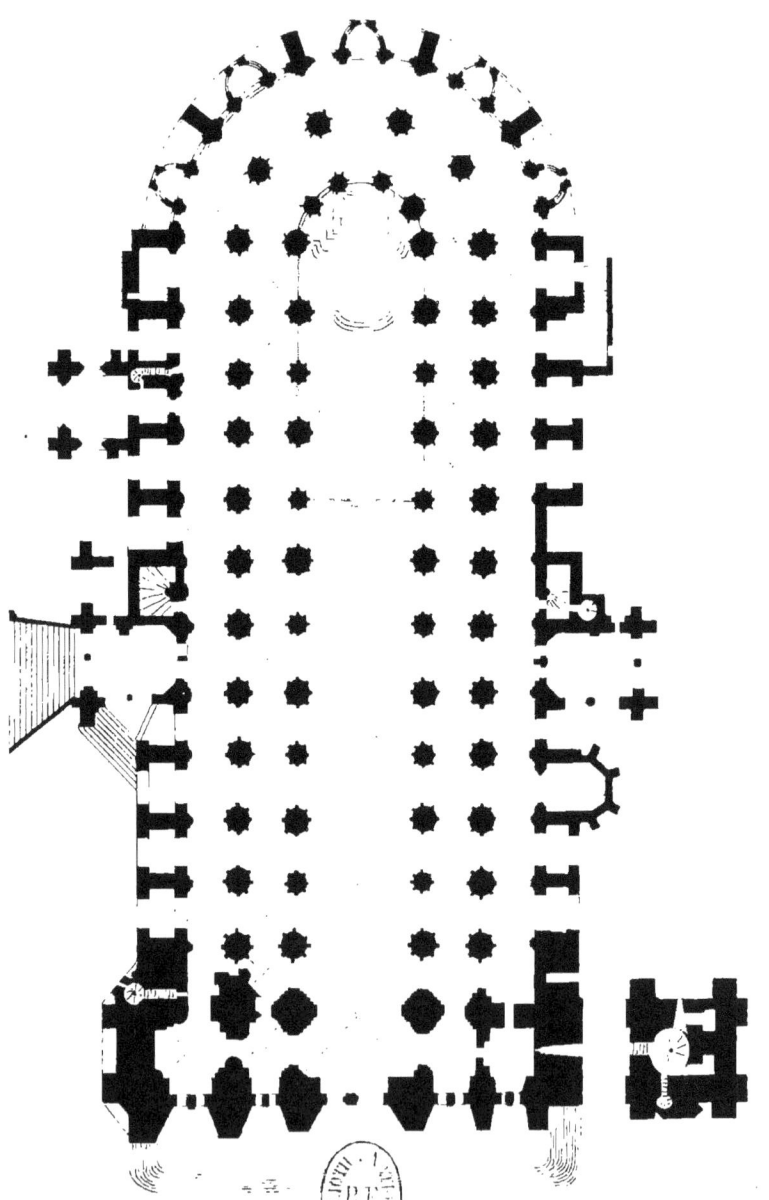

Plan de la Cathédrale de Bourges.

Lith. P. A. Desrosiers, à Moulins

LA CATHÉDRALE

DE

BOURGES,

DESCRIPTION HISTORIQUE ET ARCHÉOLOGIQUE

avec

PLAN, NOTES ET PIÈCES JUSTIFICATIVES.

PAR

A. DE GIRARDOT,	**HYP· DURAND,**
Secrétaire Général de la Préfecture du Cher, Membre du Comité des Arts et Monuments près le Ministère de l'Instruction Publique.	Architecte des Édifices religieux de plusieurs Diocèses, Membre correspondant du Comité des Arts et Monuments

---

Cet ouvrage est extrait de la monographie générale de la Cathédrale de Bourges, par les mêmes auteurs.

Moulins,

Chez P.-A. Desrosiers, Imprimeur-Éditeur.

Paris. — A la librairie archéologique de Victor Didron.

Bourges. — Chez tous les Libraires.

1849.

PRÉFACE.

DE tous les arts créés par le génie de l'homme, il n'en est pas qui aient subi autant de vicissitudes et plus de transformations que l'architecture.

En effet, elle forme comme un vaste livre, où chaque jour les peuples et les nations viennent écrire en langues diverses une page de leur histoire. D'abord humble et modeste pour répondre aux premiers besoins de l'homme, l'architecture sut bientôt s'élever à la hauteur de toutes les passions bonnes et mauvaises que les sociétés développent dans son sein. Tour-à-tour utile, indispensable ou superflue, elle se plia à tous les caprices qui l'inspirèrent comme à toutes les formes dont on la revêtit.

Elle embrasse tout, et toujours elle exprime exactement le goût, les mœurs et l'état de civilisation de l'époque qui l'a produite.

Ce sont surtout les idées et les sentiments religieux qui lui ont donné la plus grande extension, comme les plus belles formes, jusqu'à ce jour, ainsi que l'attestent les innombrables édifices de toutes les époques, qui subsistent encore ou dont la description nous a été conservée: d'abord les temples payens de l'antiquité; puis et surtout nos cathédrales chrétiennes du moyen-âge. Il peut être permis d'ignorer la description de certains monuments tels que le temple de Jupiter Stator à Rome ou de Minerve à Athènes. Mais aujourd'hui que les études archéologiques ont démontré que l'histoire des monuments religieux surtout était intimement liée à celle du pays, dont elle explique souvent les points demeurés obscurs ou inconnus, il n'est plus permis d'ignorer l'âge et l'histoire de ces monuments élevés par le génie et que nous a légués la foi de nos pères.

Il nous a semblé que, pour atteindre ce but, chacun devait apporter son concours quelque faible qu'il fût. Qu'il fallait, avant tout, détruire les erreurs et les préjugés qui se sont perpétués de génération en génération, et propager ensuite les vérités reconnues et acquises, soit par les actes authentiques, soit par l'étude comparée des divers caractères des monuments eux-mêmes avec d'autres analogues. Enfin qu'il fallait vulgariser en quelque sorte la connaissance de ces édifices, en les décrivant d'une manière qui, sans avoir la prétention d'être scientifique, serait avant tout méthodique et mise à la portée des personnes qui n'ont pas fait de l'archéologie une étude spéciale ; évitant surtout la sécheresse inventoriale qui, jusqu'à présent, a presque toujours présidé à ces sortes de descriptions.

C'est pour atteindre ce double résultat, que nous avons cru pouvoir extraire du travail auquel nous nous livrons depuis plusieurs années sur le même sujet, la description que nous offrons aujourd'hui au public. Nous serons heureux, si tout imparfaite qu'elle paraitra peut-être à certains lecteurs, elle sert à initier le plus grand nombre à la connaissance d'un des plus beaux monuments que l'art religieux ait produit en France.

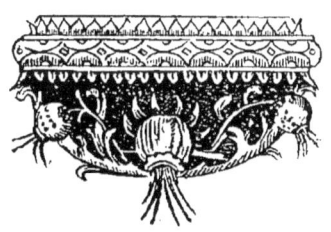

CATHÉDRALE DE BOURGES.

DESCRIPTION

HISTORIQUE ET ARCHÉOLOGIQUE.

CHAPITRE I.

COUP-D'OEIL GÉNÉRAL SUR L'ORIGINE
ET L'ENSEMBLE DU MONUMENT.

ARTOUT où le Christianisme fut vainqueur de l'idolâtrie, on sait qu'il édifia ses églises aux lieu et place où s'élevaient les temples païens, quand il ne se servit pas de ces temples mêmes. Les autels trouvés dans les fouilles faites à l'intérieur de Notre-Dame de Paris, ainsi que les nombreux fragments antiques découverts dans les fondations d'autres cathédrales, ne laissent aucun doute à cet égard.

La cathédrale de Bourges parait avoir été une exception à cet usage, autant que nous pouvons le croire; car en l'absence de tous documents authentiques, il faut bien recourir aux traditions. Elles rapportent qu'au troisième siècle, vers l'an 250, époque à laquelle saint Ursin vint de Rome prêcher l'Evangile dans le Berry, le nombre considérable de prosélytes qu'il fit à Bourges notamment, dont il devint le premier évêque, rendit nécessaire la recherche d'un grand local pour la célébration des saints mystères. A cet effet, une députation se rendit auprès de Léocade qui gouvernait cette partie des Gaules, pour obtenir de lui la cession d'une partie du palais romain qui existait alors à Bourges près des murs de la ville, moyennant le prix de 300 pièces d'or. Sans être encore converti à la foi chrétienne, Léocade accorda aux néophytes leur demande, sans vouloir accepter leur or dont il ne prit que trois pièces, pour que leur droit nouveau ne pût être contesté plus tard. (1)

Soit qu'à cette époque, une des salles du palais eût été appropriée au nouveau culte, soit qu'un édifice spécial ait été construit, toujours est-il que vers l'an 260, saint Ursin fit la dédicace de la nouvelle église en la plaçant sous l'invocation de saint Etienne et y déposant des reliques de ce premier martyr qu'il avait apportées de Rome.

La même tradition dit encore que cette première église fut détruite peu de temps après sa fondation, et que saint Palais, neuvième évêque de Bourges, en éleva une seconde en 380, qui, suivant Sidoine Apol-

(1) Sidoine Apollinaire et Grégoire de Tours.

linaire et Grégoire de Tours, était pour cette époque une des plus remarquables qu'on pût voir. Ils ajoutent qu'elle était érigée sur l'emplacement de la première.

Voici donc les deux seuls édifices primitifs dont parlent les auteurs qui ont écrit jusqu'à présent sur ce sujet ; mais il est impossible de ne pas relever l'erreur dans laquelle ils sont évidemment tombés, lorsqu'ils disent que la cathédrale qui existe aujourd'hui, et que nous allons décrire, est le troisième monument élevé sur le même emplacement (1).

Ainsi, de l'an 260 à l'an 380, ils parlent bien des églises bâties par saint Ursin et par saint Palais ; mais ils ne disent rien de celles qui ont pu et dû certainement exister de l'an 380 jusqu'au XIIIe siècle, époque à laquelle remonte la construction de celle dont nous allons nous occuper, c'est-à-dire, pendant l'espace de plus de 800 ans. Or, il est impossible que cette longue période se soit écoulée sans avoir vu s'élever des constructions intermédiaires.

Effectivement, en interrogeant le monument lui-même, il est permis de supposer que le caveau, qui sert actuellement de sépulture aux archevêques, a pu servir originairement de crypte à une église dont la date remonte, à en juger par le style des constructions, à la fin du IXe ou au commencement du Xe siècle, ainsi que nous le démontrerons plus tard.

Mais indépendamment de cette quatrième église, qui apparaît au IXe siècle, on peut encore penser avec quelque probabilité que l'intervalle qui la sépare

(1) Voir l'abbé Romelot.

de celle du IVᵉ n'a pas été occupée par cette dernière seulement, quand on songe aux invasions, aux incendies et surtout à la manière dont, suivant Grégoire de Tours, ces édifices étaient construits, le bois formant la majeure partie des matériaux employés à leur construction; il est donc permis de croire que des réédifications partielles ou plutôt totales (car à chaque reconstruction, on sait qu'on ajoutait toujours aux dimensions de l'édifice précédent), on peut croire, disons-nous, que d'autres églises ont dû exister du IVᵉ au IXᵉ siècle. Quoi qu'il en soit, il est certain que la cathédrale du XIIIᵉ siècle, dont la pensée de projet apparait en 1172 (1) n'est pas la troisième église bâtie, mais peut-être bien la cinquième ou sixième de celles qui se seraient succédées sur le même emplacement depuis celle fondée par saint Ursin, en 260.

Bien que nous n'ayons ni la prétention ni l'intention de faire un ouvrage de controverse, mais seulement une description aussi exacte que possible du monument tel qu'il existe en ce moment, il importait cependant de détruire une erreur trop généralement accréditée sur le nombre des églises qui ont précédé notre cathédrale.

Il est encore bon de constater que toutes celles qui ont précédé le XIIIᵉ siècle n'ont pu s'étendre à l'est que jusqu'aux murs du rempart (dont l'emplacement

---

(1) Dans un acte par lequel l'évêque Etienne donne à Odon, clerc, une place située devant la porte de l'église, et lui permet d'y bâtir une maison, à la condition de rendre l'emplacement quand la construction de l'église projetée l'exigera.

se reconnait encore dans une cour située au nord de la cathédrale près de (la maîtrise), ce qui résulte formellement de la charte donnée par Philippe-Auguste, qui permit aux habitants de construire sur les murs de la cité, à la charge de ne pas les détériorer. Il est vrai que le relevé exact de la position de ce mur ferait croire, s'il eût suivi une ligne droite, qu'il aurait laissé en dehors du rempart de la ville le caveau dont nous venons de parler ; mais cette objection, quoique spécieuse en apparence, n'est au fond d'aucune valeur : d'une part, la ligne du mur peut avoir été brisée, cintrée, en un mot, avoir dévié de la ligne droite ; d'un autre côté, le caveau a pu effectivement être établi en dehors des murs, peut-être formait-il le soubassement d'une apside qui figurait en élévation une tour du rempart. Cette disposition d'une chapelle adossée à un mur de rempart et dont l'apside sort en saillie extérieure, n'est pas sans exemple, puisqu'effectivement il se présente à côté ; à quelques pas, en remontant la ligne suivie par le rempart, on trouve l'ancienne église de Notre-Dame de Salles, dont le soubassement de l'apside, qui existe encore, est le rudiment d'une des tours de l'enceinte romaine; l'église et son apside sont des constructions du XIe siècle. Une miniature d'un manuscrit de cette époque, conservé aux archives du département (1), représente l'apside de l'église dans la situation que nous venons d'indiquer et qui se voit encore aujourd'hui.

Quant aux constructions élevées depuis le XIIIe

(1) Cartulaire de Notre-Dame de Salles.

siècle jusqu'à l'entier achèvement du monument, il est facile, autant par l'examen du style que par les preuves écrites que nous relaterons, de leur assigner des dates précises.

Il y a lieu de croire qu'on a procédé, pour la construction de la cathédrale de Bourges, d'après les principes généralement adoptés à cette époque, et qu'on retrouve en beaucoup d'endroits.

Lorsque, pour des causes de vétusté, ou par des motifs d'agrandissement, on se déterminait à entreprendre la reconstruction d'un édifice religieux de quelque importance, on restreignait l'exercice du culte dans la partie la moins mauvaise de l'édifice, etl'on construisait, soit aux lieu et place des parties démolies, si les proportions restaient les mêmes, ou en dehors de ces parties, si le monument s'agrandissait. C'est par suite de ce mode d'opérer, qu'on trouve beaucoup d'églises du moyen âge, dont le chœur plus grand et d'un autre style, est plus moderne que la nef et les clochers, tandis que l'inverse existe pour d'autres ; cela explique encore l'état d'inachèvement dans lequel se trouvent plusieurs monuments importants tels que la cathédrale de Cologne et celle de Beauvais. Il en a été sans doute ainsi pour Bourges, et comme presque toujours ce fut par le chœur que l'on commença, d'où l'on pourrait induire que l'église qui existait alors ne s'avançait vers l'orient que jusqu'au point où commençait à peine le chœur de celle projetée. Le clergé dut nécessairement rester dans la vieille église jusqu'à ce que le nouveau chœur, beaucoup plus vaste lui permit de s'y installer et de livrer le vieil édifice aux constructeurs. Du reste, ces circonstances s'expliquent suffisamment par la différence de styles qu'on remarque, sinon dans l'ensemble du plan qui a dû être arrêté, d'un seul jet, du moins par certains détails d'ornementation, tant à l'intérieur qu'à l'extérieur. Ces différences établissent encore avec la même certitude de dates les diverses époques qui ont vu s'élever la façade principale et les tours.

Aussi, pour résumer ce qui précède, on peut dire que la cathédrale actuelle, commencée à l'est au XIIIe siècle, n'a été terminée à l'ouest qu'au XVIe. Ayant eu constamment pendant plus de trois siècles une marche régulière et non interrompue dans cette direction de l'est à l'ouest, il faut ajouter qu'il ne reste des constructions antérieures au XIIIe siècle qui existent encore dans la cathédrale, que le caveau des Archevêques et les deux portes latérales. Il est hors de doute que le premier appartenait à une des églises qui ont précédé celle qui existe aujourd'hui ; quant aux portes, il est beaucoup plus douteux qu'elles aient la même origine. C'est ce que nous examinerons plus tard avec soin.

Avant d'entrer dans la description des détails qui nous permettra de fournir les preuves de ce que nous venons d'avancer, nous dirons un mot sur la position et l'aspect général du monument.

Ainsi que nous l'avons dit, la première église fondée par saint Ursin fut établie dans une salle du palais romain. La position élevée de l'emplacement convenait parfaitement à cette destination religieuse, et l'on comprend dès lors que les églises qui s'y sont succédées aient toujours été construites sur le même emplacement.

En effet, de cette position on domine la ville et les campagnes environnantes à une très-grande distance ; le monument s'aperçoit de loin majestueux et imposant, effet que recherchaient toujours les artistes du moyen-âge

La première crypte qui a été construite fut sans nul doute creusée exprès pour y déposer les reliques du saint sous la protection duquel était placée l'église ; mais il est évident que la construction de l'église souterraine du XIIIe siècle, que nous voyons aujourd'hui et qui occupe en partie le dessous du chœur et des nefs apsidales, a été uniquement motivée par des considérations de localité en présence de la position que le nouveau chœur devait occuper en dehors du rempart par suite de la grande extension donnée à l'édifice projeté. Dès lors la nécessité de racheter la différence des niveaux par des fondations plus profondes a fait songer à utiliser cette différence pour y établir un étage qui est l'église souterraine que nous admirons aujourd'hui. Du reste, ce motif déterminant se retrouve souvent dans les édifices du XIIIe siècle ; il explique la présence de cryptes ou chapelles souterraines à une époque où l'usage le plus constant ne les admettait déjà plus.

Le plan général de l'édifice affecte la forme basilicale, c'est à dire un parallélogramme régulier dont l'extrémité à l'est est terminée par un hémicycle qui forme l'apside. L'intérieur est divisé en cinq nefs d'inégale hauteur et longueur ; celle du centre est la plus élevée ; c'est la grande nef. Les deux qui la joignent à droite et à gauche le sont moins, nous les appellerons moyennes nefs. Enfin, les deux qui appuient ces dernières étant encore moins élevées, seront les basses nefs. Il résulte de cette disposition, tant à l'intérieur qu'à l'extérieur, un triple effet de baies, de voûtes et de combles dont la cathédrale de Bourges offre peut-être le seul exemple connu ; car ici chaque nef a ses combles, ses voûtes et ses baies qui lui sont propres, bien que superposées les unes au-dessus des autres ; tandis que dans les édifices qui renferment également cinq nefs, comme à Notre-Dame de Paris par exemple, les doubles collatéraux qui appuient chaque côté de la grande nef étant de même hauteur ne peuvent être couverts que par des combles aussi de même hauteur, et ne sont éclairés que par un seul rang de baies.

Les heureux effets qui devaient résulter de cette disposition particulière à la cathédrale de Bourges ne sauraient être exactement appréciés, aujourd'hui que les baies sont en partie dépourvues des verrières qui les garnissaient autrefois. Ce qui faisait incontestablement la beauté de cette combinaison, c'était le jeu de la lumière tempérée par les mille couleurs qui, se mariant et se reflétant de toutes parts, donnait une harmonie toute particulière aux lignes architecturales, ainsi qu'on peut encore en juger, bien imparfaitement il est vrai, par la partie du chœur qui possède encore ses vitraux ; tandis que pour toutes les autres parties de l'édifice un jour vif, en frappant et rompant trop brusquement toutes les lignes, change complètement les effets qui avaient été combinés et les résultats primitivement obtenus.

Aussi il est à remarquer que le moment le plus favorable pour comprendre, apprécier et juger toute la poésie qu'exhale ce monument, celui qui impressionne fortement l'âme et la dispose aux sentiments religieux en la suspendant en quelque sorte entre le ciel et la terre, est celui où le jour baissant ne laisse pénétrer qu'une lumière moins vive. Alors rien ne saurait rendre l'effet immense, profond et merveilleux qui s'empare des facultés et les remplit d'admiration ; on ne peut se soustraire à son empire ; mais il faut renoncer à l'expliquer et surtout à la décrire.

Une seule chose se fait regretter pour rendre complet l'effet magique de l'intérieur du monument. Ce sont des transepts dont la présence, en même temps qu'elle exprime la forme symbolique de la croix, ajoute encore à la beauté des lignes en formant des oppositions. Cette absence se fait sentir aussi vivement à l'intérieur qu'à l'extérieur ; au dedans parce que l'œil y perd l'effet perspectif de ce qu'on est convenu d'appeler, en terme d'optique, un plan sauté, c'est à dire un intervalle plus grand après une série de divisions régulièrement espacées. Cette disposition rompt l'unité des lignes de la manière la plus heureuse ; elle empêche ainsi la monotonie de s'introduire à côté de la régularité et de la multiplicité. On ne saurait dire, en voyant l'effet grandiose qu'on a obtenu même sans les transepts, quel eût été celui que leur présence aurait produit.

Quant au dehors, l'absence des transepts est également regrettable; car de même que dans le plan, ils marquent et déterminent la croix latine; de même dans les élévations, ils se combinent admirablement, par leur retour d'équerre, avec les faces latérales dont ils mouvementent l'effet des lignes horizontales et verticales; ils produisent en un mot des oppositions et des ombres qui ne sont pas moins indispensables à l'architecture qu'à la peinture.

Vue du dehors de la ville, la cathédrale domine de sa masse imposante toute la cité qu'elle paraît abriter sous son ombre protectrice ; mais il est fâcheux que de près on ne puisse la voir à une distance plus convenable, c'est-à-dire, sous un angle en rapport avec le développement de ses faces. Aussi il résulte que des issues qui conduisent au parvis, deux rues seulement permettent à peine de voir une partie de l'ensemble de la façade occidentale. Malheureusement encore ces rues, débouchant obliquement et irrégulièrement sur la place, ne laissent pas à la vue la possibilité d'embrasser tout le développement ; il faut donc changer plusieurs fois de position pour se rendre un compte exact de toutes les parties de cette façade. Quoi qu'il en soit, malgré les observations restrictives que nous venons de faire, malgré le manque d'homogénéité qui se fait remarquer, sinon dans la conception d'ensemble, du moins et surtout dans plusieurs parties des détails, il faut admirer un tel résultat de l'art chrétien, et reconnaître que, dans ces temps qu'on nous a habitués à considérer comme barbares, nos pères trouvaient dans leur foi ardente des inspirations de génie et des moyens d'exécution qui ont produit des œuvres que nous ne pouvons égaler, malgré les ressources immenses que nous donne le développement actuel des sciences et des arts.

CHAPITRE II.

DESCRIPTION DE L'EXTÉRIEUR.

FAÇADE PRINCIPALE.

ANS un monument de l'importance de la cathédrale de Bourges, il faut, pour rendre une description plus facile pour l'auteur et plus aisée à comprendre du lecteur, la soumettre à certaines formes sans lesquelles tout ne serait que confusion. Il faut étudier d'abord les masses, puis les détails, examiner l'étoffe avant la broderie qui la décore. C'est ainsi que nous allons procéder dans le cours de cette dissection archéologique. Nous commencerons par l'ensemble des constructions, puis nous entrerons dans les détails de chacune des parties qui composent le tout.

L'architecture d'abord, puis la peinture et la sculpture.

Nous avons dit que l'intérieur de la cathédrale était distribué en cinq nefs parallèles; cette disposition est parfaitement écrite par les cinq grandes divisions verticales dont se compose la façade principale.

Elle est élevée sur un perron composé de treize marches dont deux en avant forment palier ; les extrémités, à leur retour d'équerre sur le mur de face, en sont arrondies. Chacune de ces cinq grandes divisions présente à sa base une porte surmontée d'un pignon avec voussures dessous formant portail correspondant à chacune des nefs. Le portail central est consacré au Christ et au jugement dernier ; le premier à gauche à la suite est dédié à la Vierge ; le second ensuite, formant la base de la tour nord, est consacré à saint Guillaume, archevêque de Bourges ; celui à droite du portail du centre est dédié à saint Etienne, premier martyr, sous l'invocation duquel la cathédrale est placée ; enfin le dernier ensuite, formant la base de la vieille tour au sud, est consacré à saint Ursin, apôtre du Berry et fondateur de la primitive église de Bourges.

Les divisions verticales sont de largeur et de hauteur différentes déterminées par de saillants contreforts dont la base s'amortit dans les angles formés par la réunion de deux pignons des portails.

La division centrale correspondant à la grande nef est a plus large ; les deux qui viennent ensuite à droite et à gauche correspondant aux moyennes nefs sont plus étroites ; enfin les deux autres placées aux extrémités, quoique plus larges que ces dernières, le sont moins que la travée centrale. Elles forment les deux tours et correspondent aux basses nefs.

Ces tours sont de style, d'époque et de hauteur

différents ; celle du nord, plus moderne, est aussi plus élevée que celle plus ancienne du midi.

Les deux contreforts qui délimitent la division centrale ne sont pleins que par la base ; à la hauteur de la première galerie qui les relie, ils sont évidés intérieurement pour recevoir chacun un escalier en vis qui monte jusqu'au sommet, où ils sont terminés par des campaniles ajoutées après coup au XVIe siècle, ainsi qu'il sera dit plus loin.

L'intervalle qui existe entre ces deux contreforts est rempli par une grande verrière formée par le bas de deux arcs en ogives divisés en trois parties avec un quatre-feuilles. Au-dessus est la grande rose, qui n'est pas formée, ainsi que cela se voit ordinairement, d'un cercle parfait, mais bien plutôt d'un carré, dont chacun des côtés présenterait une section de cercle d'un grand diamètre. Un des angles du carré en forme la base. L'intérieur est rempli par un rayonnement composé de douze arcs-ogives dont chacun se subdivise en deux autres plus petits et trilobés. Au-dessus de cette grande verrière, dont nous ferons l'histoire et qui était connue très-anciennement sous le nom de grand Housteau, il existe une galerie reliant une seconde fois les deux contreforts-escaliers entre eux. Elle est analogue à celles qui se rencontrent dans plusieurs cathédrales et qu'on nomme, notamment à Reims, le *Gloria*. Elle est placée à la base ; et au devant du mur-pignon de la grande nef, une porte percée dans le mur communique avec le comble surmontant les hautes voûtes. Au-dessus de cette porte, le tympan du pignon est orné d'une rose aveuglée dont les compartiments sont formés de six divisions trilobées. Enfin, encore au-dessus et s'inscrivant sur la pointe du pignon, est une arcade ogivale géminée également aveuglée.

Le sommet du pignon est surmonté d'une croix archiépiscopale en fer. Les deux côtés rampants sont ornés d'un antefixe trilobé, découpé à jour dans la pierre.

Les deux travées à droite et à gauche correspondant aux moyennes nefs, présentent, dans leur disposition d'ensemble, l'aspect de deux étages divisés par des galeries de communication qui relient les contreforts-escaliers avec les tours. La hauteur de ces travées, qui se terminent carrément correspondant à la base du pignon central, le laisse dominer ainsi que les campaniles qui couronnent les escaliers

Les tours ont chacune quatre étages élevés au dessus des portails qui leur servent de base La plus ancienne, celle du midi, est connue sous le nom de Tour-Sourde ; elle a 58 mètres de hauteur. Les deux premiers étages qui s'élèvent au dessus de la voussure du rez de chaussée, forment deux sortes de tribunes dont le devant est composé de deux arcs et le fond d'un mur plein en arrière corps. Au dessus de ces étages, le troisième qui s'élève atteint la hauteur de la travée intermédiaire entre la tour et le contrefort-escalier. Cet étage, qui forme également tribune, se compose d'un seul arc dont l'ogive repose sur des colonnettes engagées. Au fond, sur le mur plein est une arcade géminée et aveuglée, sauf la partie supérieure ouverte de trois rosaces. Dans le mur plein, il existe deux baies en barbacannes éclairant l'intérieur de la tour. Le quatrième et dernier étage, destiné à recevoir la sonnerie, est percé sur les quatre faces de deux baies en arcades dont les ogives reposent sur des faisceaux de colonnettes à chapiteaux ; le tout inscrit dans un arc plein cintre, au-dessus duquel sont, à droite et à gauche, des rosaces tréflées. Une corniche horizontale couronne toute la hauteur ; elle reçoit un comble à quatre versants, couvert en ardoise, surmonté d'un poinçon armé de plomb et supportant une girouette.

La Tour Neuve ou du Nord porte encore le nom de Tour de Beurre (1). Bien que construite au XVIe siècle, il faut constater comme une exception à la règle générale dont les artistes du moyen-âge ne s'écartaient guère, et qui consistait à ne chercher en aucune manière à raccorder le style de leurs œuvres avec celui des monuments auprès desquels ils construisaient, qu'ici les constructeurs ont au contraire fait des efforts pour imiter autant que possible, quoique dans un style différent, l'ordonnance architecturale qui caractérise la tour du Sud. En effet, même système de tribunes et galeries correspondant aux mêmes hauteurs ; les deux étages inférieurs, plus petits que le troisième et s'arrêtant également à la même hauteur ; enfin un quatrième étage surmontant le tout ; mais il est beaucoup plus

(1) Ce nom n'est justifié par aucun texte ; on a dit il est vrai qu'elle avait été rebâtie avec l'argent donné pour obtenir la permission de manger du beurre en carême ; mais on verra plus tard que cette ressource fut à peu près insignifiante en comparaison de toutes celles auxquelles on a eu recours.

élevé que celui qui lui correspond à la vieille tour, et repose sur un soubassement plein décoré d'une arcature. Malgré cette différence, on retrouve encore dans l'agencement de cet étage les mêmes intentions d'imitation que nous avons signalées pour les parties inférieures. Ainsi deux arcades accouplées, mais à plein-cintre, sont renfermées dans une plus grande également à plein-cintre. Le tout est surmonté d'une corniche portant une balustrade en pierre découpée à jour, entourant une plate-forme qui est terminée aux quatre angles par des demi-cercles saillants portés sur des encorbellements. L'angle gauche est surmonté d'un lanternon à jour formé de six piliers en pierre réunis à leur sommet par des arcs surbaissés. Cette construction porte l'armature en fer qui soutient la cloche servant de timbre à l'horloge renfermé dans la tour. La cloche est abritée par une couverture en plomb à six pans, surmontée d'un bouquet en fer, lequel reçoit un pélican en cuivre doré formant la girouette qui couronne le tout.

La différence la plus sensible qu'on remarque entre cette tour et celle du midi est surtout dans la décoration des contreforts dont nous n'avons pas encore parlé. Effectivement le système général de la décoration de tous ceux de la façade, à l'exception de deux qui appuient la tour du nord, consiste en plusieurs divisions horizontales formant trois étages pour les deux contreforts escaliers, et quatre pour ceux au droit de la tour du sud. Ces étages se retraitent les uns au-dessus des autres; chaque retraite est couronnée par un amortissement avec gorge et boudin au-dessous. L'étage inférieur est arrêté aux angles par des colonnettes à chapiteaux supportant un boudin formant arc-ogive; des feuillages montent dans une gorge ménagée de chaque côté de la colonnette. A l'étage au-dessus, les arêtes sont nues et vives ; enfin au troisième étage, même système que pour le premier, seulement les contreforts de la tour sud sont terminés par un pignon à crochets, surmonté d'une statue. La même décoration, moins la figure, règne au quatrième étage.

Quant aux deux contreforts appuyant la face de la tour du nord, ils se partagent chacun en deux divisions verticales pour la partie basse comprenant les deux premiers étages ; à cet endroit, s'élèvent trois pinacles alternés de dais hérissés de choux frisés sur le rampant des flèches, lesquelles se réunissent en une seule au sommet des contreforts.

Toute cette partie de l'ornementation de la tour est traitée avec ce luxe flamboyant qui n'appartient qu'au commencement du XVIe siècle.

Pour terminer la description d'ensemble de la façade principale, il nous reste à parler d'une construction qui, sans en faire partie, s'y rattache cependant assez pour ne pas être passée sous silence. C'est une sorte de troisième tour qui ne s'élève que jusqu'au milieu environ de la hauteur de la tour du sud à laquelle elle est accolée. Cette bizarre excroissance est connue sous le nom de pilier butant ; son intérieur a longtemps servi de prison pour l'exécution des jugements rendus par la justice du chapitre.

Etabli dans le prolongement de la façade principale, au sud de la vieille tour, il est évident que ce pilier fut construit dans un but de consolidation ; le système d'appareil mis en usage, la forte dimension des matériaux, la disposition même du plan, tout prouve par les précautions prises pour élever cette robuste construction, l'intention d'apporter un puissant appui à une grande faiblesse, un remède héroïque à un mal peut-être incurable.

En attendant que nous revenions plus en détail sur ce point historique, faisons sommairement la description de ce pilier, qui fait, à proprement parler, l'office de deux arcs-boutants s'appuyant sur la tour Chacun d'eux se compose de deux quarts de cercle dont le sommet touche la tour, et la base repose sur un massif considérable. Le dessous de l'arc inférieur est vide et forme un passage couvert, sous lequel est la porte d'entrée qui donne accès à l'intérieur ; deux contreforts saillants divisent dans toute sa hauteur le massif, l'un des deux est évidé pour recevoir un escalier qui dessert le premier étage ménagé au dessus du passage. Le mur de face de cette partie est percé d'une baie dont la courbe de l'arc, surbaissé en arc Tudor, est motivée par la courbe de l'arc-boutant; cette baie est divisée en trois par des meneaux avec trèfles et quatre-feuilles au sommet. Le premier étage des contreforts est orné de longues arcatures, le tout est surmonté d'un comble à trois versants couvert en ardoise.

Tel est en résumé l'ensemble des masses qui constituent la façade principale. Si de ce tout qui présente une certaine symétrie, on passe à un examen de détails, on reconnaît alors de grandes disparates qui blessent parfois les yeux et l'harmonie, et forment ce qu'on pourrait appeler des taches sur les beautés archéologiques d'un monument.

Ainsi par exemple, la tour sud et la partie intermédiaire qui la rattache à la travée centrale étant les constructions les plus anciennes, la partie centrale ayant été remaniée à une époque postérieure, la travée ensuite et la tour neuve étant encore plus modernes, on comprend dès-lors la variété des nuances qui doivent exister dans les détails de ces diverses époques. Ce sont toutes ces nuances que nous établirons et déterminerons d'une manière précise en mettant à chacune d'elles une date, lorsque nous pénétrerons plus profondément dans le corps du monument dont nous ne touchons toujours que l'épiderme, en continuant notre examen à l'extérieur.

FAÇADES LATÉRALES.

ous commencerons par le côté nord, en prenant pour point de départ la tour neuve. Sa face de ce côté présente les mêmes dispositions architecturales que sur la façade principale, sauf cependant le soubassement qui est plein. Dans l'angle rentrant formé par les deux contreforts, nord et est, se trouve une tourelle très-élancée, elle est de forme hexagone et divisée dans sa hauteur en onze étages indiqués par des moulures formant bandeaux; chacun de ces étages présente deux baies carrées, le dernier en renferme trois.

Cette tourelle contient l'escalier en vis, qui monte du sol intérieur du monument jusqu'au sommet de la tour. Sa forme svelte donne une physionomie toute particulière à cette partie de l'édifice par le brusque contraste qui existe entre son style riche et brillant, mais abâtardi, et celui simple, mais aussi plus sévère des trois étages de nefs contre lesquels elle s'appuie.

Et pourtant cette longue suite de toits, de baies et de contreforts qui s'enchevêtrent et pyramident les uns au-dessus des autres, pour former la façade latérale, n'a pas été construite d'un seul jet. Les sept travées à partir des tours appartiennent au XIVe siècle, tandis que les cinq qui suivent, ainsi que celles qui composent l'apside, sont du XIIIe ; mais on sent que ces deux époques sont de la même famille, aussi faut-il un examen attentif pour reconnaitre l'aînée de la cadette. Il n'en est pas ainsi de l'ordonnance de la tour neuve ; on apprécie à première vue que l'art, en rompant complètement avec les traditions de l'ogive, a pris une nouvelle direction.

Cette face latérale est en partie enclavée dans des propriétés particulières qui nuisent à son effet général ; sur les douze travées dont se composent les basses nefs jusqu'à la partie tournante de l'apside, cinq seulement sont visibles. Toutefois, si la partie inférieure ne se développe pas entièrement, ce qu'on en voit ne manque pas d'intérêt, et la partie haute ne perd rien de son effet tout à-la-fois grandiose et pittoresque.

La première travée des basses nefs, celle qui touche la tour neuve, est entièrement occupée par les contreforts de cette tour ; il n'y a de visible que la partie supérieure qui appartient à la grande nef.

Les trois travées qui viennent à la suite sont occupées par des chapelles construites au XVe siècle entre les contreforts saillants, ainsi que cela s'est pratiqué dans beaucoup d'églises du XIIIe siècle, qui ne comportaient pas de chapelle originairement.

On sait que dans ces édifices de l'art ogival primitif, les chapelles n'existaient jamais qu'à partir des transepts d'où elles rayonnaient au pourtour du chœur, en formant une sorte de couronne symbolique. Presque toujours elles étaient en rapport avec les nombres mystiques, trois, cinq ou sept ; ce n'est que plus tard par des fondations et des dons, qu'en augmentant indéfiniment leur nombre, on augmenta également la richesse des établissements religieux ; mais cette prospérité est loin d'avoir tourné au profit de l'art, car on peut trouver dans cette circonstance une des principales causes de la décadence de l'architecture du XIIIe siècle.

Revenons à nos chapelles dont nous ne ferons en ce moment que la description extérieure, nous réservant d'en parler plus en détail, lorsque nous les visiterons intérieurement. Comme on le voit, il a suffi de construire un mur allant d'un contrefort à l'autre, et d'agrandir la baie percée dans la partie latérale du bas-côté, pour former dans chaque intervalle une chapelle spacieuse ; mais si ce résultat a satisfait à la conscience du fondateur de ces chapelles, s'il a contribué à enrichir l'église, il a nui à l'ensemble du monument, en détruisant sa physionomie primitive et son unité.

En effet, l'accent et la fermeté donnés à cette partie de l'édifice par la saillie des contreforts n'existant plus, le mur des chapelles forme une seule ligne avec les contreforts, c'est-à-dire, une surface plate, incolore et sans effet, qui remplace un mur mouvementé par le jeu des lignes et l'effet des ombres produites par les contreforts.

Chaque travée présente une grande baie ogivale avec meneaux flamboyants ; la première et la troisième ont des moulures au pourtour, dont l'amortissement est garni de choux frisés et repose sur des consoles à figures. La première a de plus des pilastres-Renaissance, qui ne laissent aucun doute sur la date de son exécution. Au-dessus est une balustrade en pierre, découpée à jour; elle repose sur une corniche dont la gorge refouillée est ornée de crochets. Deux gargouilles saillantes, formées d'animaux fantastiques, jettent au loin l'eau des combles.

La travée suivante, formant la cinquième après la tour, n'ayant pas reçu de chapelle dans l'intervalle de ses contreforts, conserve encore et laisse voir sa décoration primitive. Elle se compose d'une baie de moyenne proportion avec colonnette à droite et à gauche, portant boudins se réunissant en ogive. Dans la partie au-dessus comprise entre la corniche, il existe une petite baie donnant le jour et l'air au-dessus des basses voûtes. Cette baie étroite et carrée, dont les arêtes extérieures sont à biseau, a son linteau supporté par des crossettes arrondies. La corniche au-dessus est avec des crochets, mais il n'y a pas comme aux précédentes de balustrade qui la couronne. Cette décoration tout-à-la-fois gracieuse, ferme et sévère, est de beaucoup préférable à celle des précédentes travées, qui la font regretter.

La sixième travée est entièrement occupée par le portail formant porche latéral, connu sous le nom de Notre-Dame de Grâce, nom qui lui vient d'une statue de la Vierge qui la décorait autrefois, ainsi que nous le dirons lorsque nous nous occuperons de l'iconographie du monument.

Ce portail, dont le style indique le XVe siècle,

forme une forte saillie ayant en avant de puissants contreforts de face et de retour se reliant aux arcs-boutants, et terminés par des pignons surmontés de fleurons. La face principale est composée d'une arcade en plein cintre géminée, supportée aux extrémités et au centre par des faisceaux de colonnettes recevant les retombées. Chaque arc est trilobé ; une rosace à jour et à six lobes remplit le tympan, une des faces en retour est en tout semblable. Celle vis-à-vis répète la même décoration ; mais elle est aveuglée; dans cette dernière, une porte donne entrée aux cours qui règnent entre la cathédrale et les bâtiments de la maîtrise.

Enfin, la quatrième touchant le monument est percée d'une baie carrée géminée, surmontée d'un plein-cintre formé de boudins dont le tympan est orné de bas reliefs représentant des scènes de la vie de la Vierge. Au-dessous, formant le linteau, est une riche frise sculptée de rinceaux portant des traces de couleur.

Cette porte, ainsi que l'ornementation qui l'accompagne, appartiennent au style roman fleuri de la fin du XIe siècle. Sa présence à cette place a été le sujet de bien des discussions entre les antiquaires ; c'est en effet une sorte d'énigme que nous n'aurons pas la prétention d'expliquer ; mais après avoir rapporté les diverses opinions qui se sont produites, nous nous permettrons aussi d'émettre la nôtre en temps et lieu. Contentons-nous, pour le moment, de constater sa présence comme un fait des plus curieux.

Au-dessus de la voûte qui couvre le porche, il

existe un premier étage qui joue un rôle important dans l'histoire de la cathédrale, par l'incendie qu'il éprouva et lui communiqua en 1559. Nous y reviendrons.

Au-dessus de l'arcade, sur la face principale, il existe une lucarne en pierre percée d'une baie géminée surmontée d'une corniche à motifs et fleurons, dans le style de la Renaissance. Un comble très-rapide à quatre versants et couvert en ardoise, surmonte ce porche et la salle du chapitre qui se trouve à côté.

C'est, ainsi que nous l'avons dit, à partir de cet endroit, que le monument se trouve enclavé dans des propriétés particulières, notamment dans celles de la maîtrise ; il serait bien à désirer qu'on pût le dégager des cours et bâtiments humides qui sont en contact avec lui de ce côté. En poursuivant l'examen par une des cours de la maîtrise, on trouve après la travée occupée par la salle du chapitre, que les deux travées qui viennent à la suite sont transformées en chapelles, dans le même style et par les mêmes moyens précédemment décrits pour les premières chapelles.

La travée ensuite est remplie par la sacristie du chapitre qui forme une importante saillie sur le nu des bas côtés. Les faces extérieures se composent d'un pignon principal flanqué aux angles de contreforts qui se terminent par des pinacles à quatre faces avec crochets et fleurons ; sur la face, deux étages de baies à meneaux formant quatre panneaux avec partie flamboyante, renferment un cœur dans le haut. Un bandeau d'amortissement règne à la base du pignon dont le tympan renferme une ogive allongée et trilobée, au-dessus de laquelle sont les armes de Jacques Cœur, qui a fait ériger à ses frais ce monument sur lequel nous reviendrons lorsque nous ferons la description intérieure.

Sous cette sacristie il existe un passage voûté, dans lequel on voit encore des restes du mur antique formant l'enceinte romaine, dont nous avons parlé dans notre premier chapitre. Ce mur est construit en grand appareil et d'une épaisseur de plus de deux mètres. Les fondations de la sacristie ont été assises dessus. On retrouve encore des traces de ce mur au nord dans la rue voisine, et c'est à l'aide de ces diverses fractions qu'il est facile de reconnaître la direction qu'il suivait avant la construction de la cathédrale du XIIIe siècle.

Au-delà du passage voûté se trouvent les deux dernières chapelles qui terminent de ce côté la série de celles construites après coup entre les contreforts. Afin de lui donner plus de largeur, la première est légèrement en saillie sur les contreforts; celle ensuite présente une saillie encore plus forte; le style flamboyant du XVe siècle décore les murs extérieurs de ces chapelles.

Nous voici parvenus à l'apside. Cette partie, l'une des plus intéressantes du monument, exige une description particulière. Elle est formée de cinq grandes divisions verticales, motivées par les cinq chapelles apsidales, et déterminées par les contreforts qui montent de fond et se relient aux arcs-boutants des moyennes et grandes nefs. Comme c'est ici que ces contreforts se voient de la manière la plus complète et se présentent sous plusieurs aspects, nous en décrirons un, et cette description servira pour ceux qui sont semblables.

Ainsi que nous l'avons dit, toute la partie de l'apside présente un étage de plus que le reste du monument. Par suite de la déclivité du terrain, il en résulte que les contreforts ont un soubassement de plus, lequel est marqué par un empatement biseauté ; au-dessus, deux étages déterminés par un bandeau amorti, dont le deuxième est couronné d'un pignon. C'est ici que se terminait autrefois la hauteur de tous les contreforts qui reçoivent la poussée des arcs-boutants, lesquels se composent de quatre arcs rampants, dont les deux supérieurs arc-boutent la grande nef et se déchargent sur les deux inférieurs qui butent la moyenne pour venir finalement s'appuyer sur le contrefort. Depuis peu on a surmonté ces contreforts de deux étages dont l'inférieur est plein et à pignon, et celui qu'il supporte est formé de deux pinacles ou pyramides hexagones reliées entre elles par une triple arcature à jour ; des crochets et un fleuron ornent ces pyramides. Tel est l'ensemble de ces contreforts qui forment chacun un monument complet. Si, au point de vue archéologique, on doit blâmer ces deux étages ajoutés à chaque contrefort, parce qu'ils changent le caractère primitif du monument, on ne saurait nier cependant que l'effet pittoresque y gagne quelque chose. Nous ferons la même observation pour la balustrade à jour et les pinacles, qui ont été placés au bas du comble de la grande nef. Nous ajouterons qu'il est regrettable que les détails de ces parties, ajoutées après coup, ne soient pas en plus parfaite harmonie avec les parties anciennes ; l'effet pittoresque n'y aurait rien perdu, et l'ensemble architectural y aurait beaucoup gagné.

Entre chacune des cinq grandes divisions dont nous avons parlé plus haut, se trouve une des chapelles rayonnantes ayant l'aspect de tourelles engagées dans le mur de l'apside. La base, qui a la forme d'un cône renversé, repose sur un contrefort carré ; elle s'appuie encore à droite et à gauche comme sur des béquilles, sur deux colonnes isolées ayant bases et chapiteaux; mais en examinant attentivement cette partie de la construction, on reconnaît bientôt que c'est moins comme supports nécessaires à sa solidité que ces colonnes ont été placées, que pour obvier à un défaut de régularité qui existe entre l'axe des baies de l'étage souterrain et celui des baies des basses nefs placées à droite et à gauche de chaque tourelle. Il est certain que sans ces colonnes qui prolongent pour l'œil la ligne extérieure des chapelles, la différence d'axe, qui existe entre les deux baies placées au-dessus l'une de l'autre, serait bien plus sensible. C'est une de ces difficultés vaincues avec beaucoup d'adresse et dont le moyen-âge nous présente de nombreux exemples.

Les tourelles sont percées de trois baies ogivales sans moulures, séparées par des colonnettes qui montent jusqu'à l'amortissement du comble en pierre formant pyramide à six pans, dont cinq à l'extérieur avec arêtes à crochets, et le sixième, côté de l'apside montant d'aplomb en forme de pignon aigu. Les arêtes ne tombent pas d'aplomb sur les colonnettes ; la différence de la ligne droite du bas du comble avec la courbe du mur des chapelles est rachetée par des consoles historiées de figures fantastiques.

Les baies éclairant la crypte sont avec colonnettes et archivoltes, ainsi que celles de l'étage des basses nefs; au dessus de ces dernières et sous la corniche, il y a un œil de bœuf donnant sur les basses voûtes. La corniche à modillons variés, qui couronne cette partie de l'apside, semble avoir été remaniée ; ce qui appuierait cette opinion, serait la différence de hauteur qui existe entre cette corniche et celle des tourelles : cette dernière est moins élevée, et l'on ne se rend pas compte de ce qui aurait pu primitivement motiver une semblable différence.

Dans l'intervalle entre chaque contrefort, il existe un mur d'appui laissant un isolement formant fossé jusqu'au mur de l'apside, afin que le jour pénètre dans l'église souterraine.

Ayant fait le tour de l'apside, nous arrivons à la face latérale du sud. Tout ce côté, à quelques légères différences près, que nous allons signaler, est semblable à la façade du nord. Entre les deux premiers contreforts est une chapelle construite au XVe siècle; des armoiries frustes dans un carré quadrilobé existent au sommet de l'ogive.

Cette chapelle est construite sur une voûte formée d'une section de cercle ; cette disposition a été motivée pour ménager le jour à une baie qui éclaire l'église souterraine.

En cet endroit, se trouve un escalier ou perron en pierre, qui rachète la différence de niveau du sol.

Le premier contrefort à la suite de la chapelle, diffère, dans sa partie supérieure, de la forme de ceux qui ont été précédemment décrits. Il renferme dans son intérieur l'escalier dit de Saint-Guillaume, ainsi nommé, parce qu'autrefois sa base communiquait avec la célèbre salle de Saint-Guillaume, qui faisait partie du palais archiépiscopal bâti par le saint archevêque. Ce contrefort, plus élevé que les autres, se termine par une partie octogone qui prend la forme d'une tourelle surmontée d'une flèche ou pyramide à huit pans, avec crochets sur les arêtes, et fleurons au sommet; un amortissement relie le carré de la base avec les pans coupés de la tourelle. Une réparation récente et maladroite, comme malheureusement nous en aurons plusieurs à signaler dans le cours de cette description, a changé la forme et les proportions de cette flèche, qui était primitivement plus élevée et ne présentait pas la ligne convexe qu'on lui voit maintenant.

L'escalier qui a son entrée par l'intérieur de la chapelle dont nous venons de parler, conduit d'abord sur les voûtes des basses nefs, puis au-dessus du premier arc-boutant, par un pont droit supporté par deux rangs de colonnettes, aux combles des moyennes nefs; enfin il accède encore au comble de la grande nef par une rampe établie au-dessus de l'arc-boutant supérieur. Cette combinaison est des mieux entendues sous le rapport de la convenance des communications, et des plus heureuses sous celui de l'effet pittoresque qu'elle produit.

A gauche, à la suite de ce contrefort, il n'y a pas de chapelle, mais seulement un réduit sous lequel existe un passage et une porte donnant entrée à la cathédrale ; dans les deux travées ensuite, deux chapelles construites sur voûte avec croisées au-dessous éclairant la galerie qui conduit de ce côté à l'église souterraine. Les croisées des chapelles sont sans ornements ; la corniche, avec crochets, mais sans balustrade au-dessus.

Au-devant des deux travées qui suivent immédiatement se trouvent les cour et bâtiments dépendant de la sacristie de la paroisse. Ces dépendances, qui sont établies en alignement avec la saillie du porche sud, dont nous allons bientôt parler, masquent le monument et obstruent d'une manière très-fâcheuse le jardin de l'archevêché. Sous aucun rapport, elles ne sont dignes de s'interposer entre ce beau jardin et la magnifique cathédrale.

Le porche sud qui vient immédiatement, occupe la travée qui correspond au porche du nord auquel il forme parallèle. Sa construction, qui est de la même époque, présente les mêmes dispositions en plan et en élévation. Sur deux des faces, sont des arcades géminées en plein cintre ; la porte carrée et géminée, donnant entrée à la cathédrale, est surmontée de boudins formant plein-cintre, qui reposent sur des chapiteaux couronnant des colonnes à figures. Le tympan est occupé par le Christ entouré des attributs des évangélistes ; le linteau au-dessous est rempli par un bas-relief représentant les douze apôtres. Toute cette partie, qui conserve des traces de peinture, est en style roman fleuri de la fin du XIe siècle ; nous y reviendrons pour l'iconographie.

Ainsi qu'au porche nord, sur une des faces latérales de celui ci, la décoration de répétition est aveuglée; mais il existe dans l'arc à droite une porte en style de la Renaissance avec pilastres, corniches, chapiteaux et frise finement sculptés; au-dessus, motif à coquille renfermant des armes effacées ; au-dessus, une petite croisée grillée. Cette porte conduit à un logement de concierge. Dans l'arc à gauche, sont des inscriptions que nous donnerons plus loin.

La seule différence qui existe entre ce porche et celui du nord consiste en ce qu'il n'est pas, comme ce dernier, surmonté d'un premier étage, mais de contreforts qui se terminent par trois pinacles, dont un plus élevé que les deux autres; ils sont reliés entr'eux par une balustrade en pierre découpée, formant six quatre-feuilles à jour.

Toute la partie supérieure de ce charmant porche a été restaurée depuis peu; nous voudrions pouvoir louer ce travail, et surtout ne pas avoir à signaler l'acte de vandalisme qui a fait pratiquer des trous d'échafaudage dans des fresques qui décorent intérieurement le tympan des arcades. Si de tels faits sont blâmables, il faut convenir que ceux qui les commettent sont encore plus à plaindre.

De même que sur la façade du nord, la travée qui touche le porche laisse voir le mur primitif du bas-côté; cette heureuse circonstance est due au peu de saillie que présente le contrefort formant un des jambages du porche, saillie qui n'aurait pas permis de donner une largeur suffisante à la chapelle ; ici la même cause a produit le même effet qu'au nord. Deux gargouilles, une corniche à crochets, et une balustrade à jour, décorent cette partie.

La travée suivante est occupée par une chapelle qui apparait comme l'apside coquette d'une petite église. Outre l'intervalle qu'elle occupe entre les contreforts, elle absorbe encore une partie de la face même de ces derniers. Les trois pans coupés qui la terminent sont arrêtés par quatre pilastres ou gracieux contreforts qui s'étagent sur un empatement à hauteur de l'appui des croisées, et se terminent en amorce rachetée d'un pignon portant pinacle. Une balustrade en quatre-feuilles et des gargouilles ornent l'amortissement du toit. Chaque pan coupé est percé d'une baie à meneaux flamboyants par le haut.

En présence d'un si joli résultat de l'art du XVe siècle, on ne se sent pas le courage de critiquer ce qu'une telle construction a d'insolite, implantée comme elle est sur une façade régulière, dont elle rompt la rectitude et ôte la sévérité. C'est une excroissance qui peut nuire à la forme d'un plan, mais les yeux seront toujours satisfaits des élévations qu'elle donne et du pittoresque qu'elle jette sur tout ce qui l'entoure.

Les deux travées ensuite possèdent des chapelles, avec croisées à meneaux flamboyants; à la première, des armoiries frustes au sommet de l'ogive, choux très riches, gargouilles formées d'animaux, une corniche dont la gorge est remplie de chicorée, et balustrade à jour. A la seconde, petits contreforts à droite et à gauche appuyant l'ogive et reposant sur des consoles. La corniche est avec animaux fantastiques ; elle est surmontée d'une balustrade à croisillons lobés.

Enfin, la dernière travée joignant la vieille tour a été remplie en maçonnerie dans toute l'épaisseur du contrefort dans un but de consolidation ; il n'a été ménagé qu'une petite baie pour éclairer la partie du bas-côté à laquelle elle correspond ; deux gargouilles, une corniche à crochets et une balustrade décorent cette travée.

L'intervalle entre les deux contreforts de la tour a été également rempli après coup pour solidifier ce côté, sur lequel s'appuie encore le pilier butant dont nous avons déjà parlé, et près duquel nous voici revenus ; deux mots suffiront pour en faire connaître les faces extérieures non décrites. Celle à l'est présente la même disposition que sur la face principale ; à celle du sud deux contreforts décorés à l'étage supérieur d'une arcature qui en dissimule la lourdeur. Une corniche à deux rangs de crochets partage les deux étages ; de ce côté le comble forme croupe. Nous reviendrons sur cette bizarre construction.

Avant d'entrer dans l'intérieur du monument, jetons un dernier coup d'œil sur l'ensemble de son extérieur. C'est surtout en se plaçant dans le jardin de l'archevêché, derrière l'apside et à peu près dans son axe, qu'on peut étudier à fond la savante et harmonieuse combinaison des lignes, et l'effet prodigieux qu'elles produisent.

De cette place, la cathédrale apparait comme une vaste tiare ou triple couronne, dont tous les étages, solidairement liés les uns aux autres au moyen d'immenses arcs-boutants, viennent s'appuyer sur de puissants contreforts, qui forment comme autant de fleurons. Les innombrables clochetons et pinacles qui dardent leurs flèches dans l'espace, sont tous dominés par la croix qui brille majestueusement au sommet du comble. Mais c'est lorsque le soleil frappe les verrières, que le chatoyement des riches couleurs qu'elles renferment se répand et flamboie comme des pierres précieuses sur un immense diadème.

Il est difficile de trouver ailleurs un exemple plus complet de la force unie à la grâce, de la hardiesse à la solidité, de la richesse de détails à la simplicité de formes. Pourquoi faut-il regretter que des transepts ne viennent pas détruire la mollesse que leur absence imprime aux faces latérales ?

CHAPITRE III.

INTÉRIEUR.

Si l'impression qu'on éprouve en visitant l'extérieur du monument ressemble plutôt à de la joie et à du bien-être qu'à un sentiment de crainte ou de gêne, en pénétrant dans son intérieur, on sent qu'on entre dans une atmosphère de respect et de recueillement. Ce sentiment est si vrai et si profond qu'on se surprend à parler à voix basse pour ne pas troubler le silence religieux qui remplit la profondeur des nefs. Il est remarquable que l'émotion n'est pas la même si l'on pénètre par la porte du milieu correspondant à la grande nef, ou par une porte des bas côtés. Dans le premier cas, on est frappé de l'imprévu et de la vastitude qui se déroulent à la vue ; dans le second, la sensation est moins brusque, mais plus pénétrante. Là on est surpris, étonné ; ici une émotion plus douce et plus tendre dispose à la méditation.

Ainsi que nous l'avons déjà dit, les effets varient suivant l'heure à laquelle on les observe. Le soleil couchant, le soir, sont les instants les plus favorables pour bien comprendre l'art et la poésie que recèlent les vastes flancs de notre cathédrale. Des trouées de soleil projetant leurs longs sillons d'or dans la profondeur des multiples voûtes, embrâsent subitement de leurs feux ardents des points qui, tout à l'heure encore étaient plongés dans la nuit froide et bleue où ils s'éteindront bientôt pour faire place à des effets plus saisissants encore ; car rien ne saurait rendre ni exprimer l'effet que produisent les rayons de la lune, lorsque s'infiltrant par un triple rang de baies, ils tombent en cascades fantastiques et semblent ruisseler sur les dalles. Tout prend alors un caractère mystérieux et surnaturel, où le grandiose se confond avec le bizarre. Si à cela se joint dans le lointain la lueur incertaine d'une lampe ; si surtout, ainsi que nous avons été assez heureux pour l'éprouver, l'orgue fait entendre sa puissante voix qui vibre jusqu'au fond de l'âme, oh! alors il faut bien le reconnaitre, nos cathédrales du moyen-âge ont seules compris et réalisé l'art religieux, celui qu'on peut appeler l'art vraiment chrétien ?

Mais revenons à notre description.

Par suite de la reconstruction de la tour neuve au XVIe siècle, et des consolidations apportées au soubassement de la vieille, dès le XVe, il règne une sorte de confusion et d'embarras dans la position des deux premières piles qui supportent à droite et à gauche les deux tours. La pile de gauche sous la tour neuve est d'une forme et d'un aspect irrégulier; elle empiète sur la travée suivante de la manière la plus fâcheuse pour l'œil et la circulation. Celle de droite sous la vieille tour a été reliée au mur latéral et de face par des massifs en maçonnerie. Il résulte de ces deux faits que le dessous des tours est obscur et pour ainsi dire inaccessible, et que les portails de la façade, qui semblent leur donner entrée, ne remplissent pas cet office. Les deux autres premiers piliers de la grande nef sont beaucoup plus forts que ceux qui suivent, ils présentent dans le périmètre de leur plan quelque chose de plus ferme que tous ceux qui forment les nefs. Il est évident que cet accroissement de force a été calculé pour augmenter la résistance prévue de la poussée des tours, à moins, ce qui s'est vu fréquemment, qu'ils n'aient été construits des premiers, ainsi que quelques parties de la façade. A partir de ces piliers jusqu'au cintre de l'apside, les parties droites des nefs contiennent douze travées de chaque côté, l'apside en contient cinq. Ces travées sont divisées par cinquante six piles disposées en quatre rangs parallèles, formant cinq nefs et se réunissant circulairement pour dessiner l'apside.

Les piliers de la grande nef sont formés d'un cylindre au centre, sur lequel viennent se grouper huit colonnettes, dont quatre plus grosses reçoivent les retombées des arcs doubleaux, et quatre plus faibles les nervures des voûtes; elles sont alternées de deux diamètres différents, les plus forts ont à la base 2ᵐ 58ᶜ, et les plus faibles 2ᵐ 28ᶜ ; ce sont les plus forts qui reçoivent les retombées des voûtes d'arêtes de la grande nef, lesquelles embrassent chacune deux travées.

Chaque travée de la grande nef est ainsi disposée: à la partie supérieure, trois fenêtres ogivales, surmontées d'une rose à jour et à six lobes, sont inscrites dans une plus grande ogive; au-dessous et séparé par un bandeau prenant à la hauteur de la retombée des grandes voûtes, il règne un étage de triforium, composé de six arcades ogivales portant sur des colonnettes et inscrites dans un plus grand arc. Cet étage repose sur un bandeau, qui forme, ainsi que celui qui est au-dessus, des anneaux au droit des colonnes fuselées qui divisent les travées. Au-dessous du triforium est l'arcade qui pénètre sous les moyennes nefs; cette arcade est composée d'un arc-doubleau à boudins et de deux tores.

La face du mur séparatif entre les moyennes et les basses nefs est ainsi composée : dans la partie haute, une arcade ogivale géminée et à jour avec petite rosace également à jour. Au-dessous, un triforium composé de quatre ogives reposant sur des colonnettes, le tout inscrit dans un plus grand arc. Sous le triforium, l'arcade pénétrant sous les basses nefs.

Le mur de face de ces dernières est percé de croisées, là où il n'existe pas de chapelles, et par des arcades formées des baies de croisées agrandies, au droit des chapelles du XVᵉ siècle auxquelles elles donnent entrée.

Toutes les voûtes sont avec nervures à moulures

fortement accentuées ; l'ornementation des chapiteaux est généralement empruntée à l'herbier de nos forêts.

Voici quelles sont les principales dimensions intérieures de la cathédrale. La hauteur de la grande nef mesurée sous clef de voûtes est de 36m 80c ; celle des moyennes nefs est de 21m ; enfin celle des basses nefs est de 9m. La longueur totale du monument est de 113m 50c. Sa largeur est de 40m.

Ainsi que nous l'avons dit, l'édifice n'a pas été construit d'un seul jet ; c'est en 1172 qu'il est question pour la première fois, dans un acte d'Etienne, archevêque de Bourges, d'un projet de nouvelle église. Ce ne peut être assurément que celle dont nous nous occupons ; car on voit qu'en 1195, Henry de Sully, archevêque, fait un don de 300 livres pour sa construction. En 1209, le corps de saint Guillaume, mort cette même année, est inhumé dans la crypte. Puis on trouve encore en 1232 que l'entrée principale de la cathédrale est indiquée près la porte de l'archevêché, c'est-à-dire vers le point où se trouve aujourd'hui la sacristie de la paroisse. En 1262, Philippe Berruyer, archevêque et neveu de saint Guillaume, est inhumé dans le chœur. Des actes de 1263 et 1283 contiennent la relation des dettes et des emprunts contractés par le chapitre pour pourvoir aux dépenses des constructions. Enfin ce n'est qu'en 1324 que la dédicace en fut faite par Guillaume de Brosse, archevêque de Bourges, qui n'avait cessé, depuis son élévation à l'épiscopat, en 1321, de solliciter des dons et secours pour l'achèvement de l'édifice Des pièces qui existent encore aux archives indiquent encore que Philippe-le-Bel contribua aux réparations à faire aux voûtes, dont les détériorations sont signalées dès l'année 1313, c'est-à-dire que des réparations étaient déjà nécessaires même avant l'achèvement de l'édifice.

De tout ce qui précède, il résulte donc que les premières traces du monument que nous voyons aujourd'hui n'apparaissent qu'en 1172, mais ce n'est encore qu'à l'état de projet. Les travaux n'ont dû en réalité être mis en activité que de 1195 à 1200. Cette date du reste correspond parfaitement avec le style des constructions qui comprennent l'apside ainsi que les cinq travées qui viennent à la suite. Là ont dû s'arrêter les premiers travaux. En effet, bien que l'ensemble de l'ordonnance architecturale des lignes ne présente aucune différence sensible dans son aspect général, l'œil le moins exercé reconnaît aisément la ligne qui forme comme la soudure des constructions de la première époque avec celles de la seconde. Au dedans comme au dehors, la nuance qui les distingue se manifeste bien plutôt dans des détails de décoration que par le caractère même du style. Cependant une légère différence existe dans les bases, les moulures des arcs et les fenêtres du chœur. Cette première partie est empreinte de la sévérité noble et gracieuse qui appartient exclusivement à l'art de la fin du XIIe siècle et du commencement du XIIIe, tandis que dans la seconde, on voit déjà se manifester, quoique d'une manière très-sobre encore, un commencement de cette tendance ornemanesque qui, poussée plus tard à l'excès, entraîna l'art ogival vers la décadence dans laquelle nous le voyons expirer à la fin du XVe siècle. Il est donc certain que les trois périodes dont on est convenu de subdiviser le XIIIe siècle, ainsi que la première période du XIVe, ont présidé à l'érection complète de notre cathédrale; car nul doute qu'elle n'ait été entièrement achevée lors de sa dédicace en 1324. Il est vrai que plus tard le duc Jean contribua aux dépenses de grands travaux qui furent faits notamment à la verrière du mur-pignon de la nef dite le grand Housteau; mais ces travaux étaient nécessités par des réparations et non pour l'achèvement, ainsi que nous l'établirons lorsque nous étudierons en détail les tours et la façade. Mais puisque nous en sommes à examiner les divers styles qui composent l'édifice, vidons de suite la question des portes latérales qui sont, comme nous l'avons dit, en roman fleuri de la fin du XIe siècle ou du commencement du XIIe. Les archéologues ne sont pas d'accord entre eux pour expliquer d'une manière satisfaisante comment deux parties du monument aussi importantes que le sont ces deux portes, se trouvent établies aux lieux qu'elles occupent. C'est à la sixième travée à partir des tours et à la deuxième avant d'arriver aux piliers qui ont dû arrêter le jet des premières constructions, que se trouvent au nord et au sud ces deux portes latérales; elles sont comprises conséquemment dans la partie qui appartient à la période voisine du XIVe siècle. Celle du midi se compose d'une plate-bande monolithe divisée dans son milieu par un pied-droit meneau; à l'intérieur, derrière la plate-bande, sont deux arcs en plein-cintre formant décharges, toute la construction est inscrite dans l'ogive que forme la hauteur des basses nefs. Les deux jambages ainsi que le meneau sont ornés à l'intérieur d'une colonnette engagée; celle du milieu est lisse, les deux autres sont gauffrées avec chapiteaux à feuilles et crochets. Un boudin avec perles et feuilles byzantines décore l'ogive dans laquelle est inscrit le tympan ; mais les chapiteaux et les colonnes sur lesquelles il repose sont du XIIIe siècle. Comme on le voit, tout est confondu sous le rapport de l'ornementation, et pourtant au premier aspect la construction paraît être uniforme et se lier parfaitement avec celle des murs latéraux ; mais un examen plus approfondi ne tarde pas à faire naître des doutes sur cette apparente homogénéité ; effectivement les joints et la hauteur des assises diffèrent sensiblement. La nature de la pierre qui forme les jambages n'est pas la même que celle des murs. La régularité et la vivacité des arêtes sont loin d'être irréprochables. Enfin, une dernière considération ajoute encore aux motifs qui ne permettent guère de s'arrêter à l'idée que ces portes font partie intégrante de la construction primitive ; c'est que toute la décoration et l'ornementation byzantine dont elles sont revêtues au dehors reposent sur des bases empatées qu'on ne rencontre pas généralement avant la fin du XIIe siècle, tandis que cette décoration est bien certainement antérieure à cette époque.

Voici les divers systèmes qui ont été proposés pour justifier l'origine de ces portes : on a dit qu'il n'y avait rien d'étonnant à ce que leur construction fût de la même époque, quoique d'un style différent du reste du monument, notamment pour sa première partie ; qu'il n'était pas rare de trouver, à cette époque de transition du XIIe au XIIIe siècle, des exemples d'ornementation qui s'enchevêtrait d'un siècle sur un autre ; mais après un examen attentif, ce système ne saurait être adopté, car indépendamment d'autres motifs, la transition ici est par trop brusque.

D'autres ont dit que ces portes terminaient les transepts d'une église antérieure, et qu'elles avaient été conservées, lors des nouvelles constructions, aux lieux et places qu'elles occupaient dans les anciennes. Ce système ne nous satisfait pas plus que le premier.

En effet, pour quiconque voudra étudier sérieusement, et en présence du monument même, toutes les faces de la question, il restera démontré que ces portes n'ont pu être édifiées en même temps que les constructions qui les environnent. La pierre, ainsi que nous l'avons dit, en est d'une autre nature ; il est évident que l'appareil a subi un remaniement général, ce que constatent l'irrégularité des joints et surtout la retaille des arêtes verticales, qui ont perdu, par suite de cette opération, une partie de leurs ornements primitifs. A ces motifs qui se rapportent aussi bien au premier système qu'au second, nous ajouterons un argument de plus pour combattre le dernier : à supposer que ces portes eussent fait partie d'anciens transepts appartenant à une église complète de style roman, nous objecterons que le sujet des sculptures qui les décorent serait encore une protestation contre cette explication ;

il y a peu ou point d'exemples, en effet, d'églises reproduisant dans ses portails plusieurs fois le même sujet. Eh bien! pourtant il en eût été ainsi pour l'église romane complète, aux transepts de laquelle on veut appliquer nos deux portes; car il faut remarquer que le portail du nord est consacré à la Vierge, et celui du sud au Christ. Il est rare que ces deux sujets ne soient pas de préférence placés sur les façades principales; c'est du reste ce qui a lieu à Bourges, où le portail du centre est occupé par le jugement dernier, dans lequel figure le Christ, mais surtout dans celui à sa gauche, qui est dédié à la Vierge dont il reproduit les principales scènes de la vie.

Pour nous, nous pensons que ces portes ont pu et dû appartenir à une église qui a précédé la cathédrale actuelle; mais dans ce cas, leur importance, aussi bien que le remaniement qu'elles ont subi, doit faire supposer qu'elles n'étaient pas érigées aux transepts, mais bien plutôt sur la face principale d'où elles ont été transportées au point qu'elles occupent aujourd'hui, à moins qu'on ne préfère supposer qu'entièrement étrangères aux édifices qui se sont succédés sur le même emplacement, elles proviennent d'une autre église ignorée. Cette version prendrait quelque probabilité par l'absence complète de tous fragments de même style dans les constructions et dans le voisinage de la cathédrale.

Tout ce que nous venons de dire pour la porte du sud s'applique également à la porte du nord; la seule différence qui existe entre les deux, c'est que les moulures et colonnettes qui décorent l'intérieur de cette dernière ne sont pas ornées. On remarque encore plusieurs signes lapidaires à l'extérieur de ses jambages, mais ils semblent moins anciens que la construction.

Avant de passer à l'examen d'autres parties de l'édifice, revenons en quelques mots sur l'effet d'ensemble produit par l'agencement et l'ordonnance des lignes intérieures de cet immense vaisseau. Les rapports et les conditions de ses proportions sont tout-à-fait exceptionnelles et ne se retrouvent pas ailleurs ; cela tient, ainsi que nous l'avons dit, à la différence de hauteur des trois nefs, d'où il résulte que les arcades de la grande étant surélevées d'une manière inusitée, l'espace qui les surmonte paraît écrasé. Aussi, malgré la grande élévation de la voûte centrale, on voudrait qu'elle s'élançât encore davantage pour donner plus de hauteur aux fenêtres supérieures. On est plus étonné que satisfait de la hardiesse des piles qui montent d'un seul jet à **17** mètres ; mais l'œil se fatigue et voudrait trouver quelques lignes de repos dans cette grande distance qu'il lui faut parcourir sans s'arrêter. C'est plus étrange que beau, plus bizarre que gracieux, et cette tentative audacieuse de l'art ogival ne saurait faire oublier les proportions bien autrement harmonieuses des nefs de Reims et d'Amiens. A Bourges, les lois de la pondération se trouvent souvent heurtées, tandis qu'à Amiens, à Reims, elles existent dans toute leur harmonie. Là, c'est une mélodie parfaite à laquelle l'oreille la plus délicate ne saurait rien reprocher ; ici des notes discordantes la choquent et la rompent souvent brusquement.

Les moyennes nefs présentent moins de disparates que les grandes; quant aux petites, leurs proportions rentrent tout-à-fait dans les données ordinaires ; aussi l'harmonie et la grâce sont loin d'y perdre quelque chose.

Ces nefs n'étaient point autrefois dégagées comme elles le sont aujourd'hui ; les bas-côtés étaient fermés par des grilles à la hauteur du chœur.

A droite et à gauche de l'entrée principale du chœur, étaient deux autels appliqués contre les colonnes ; celui de gauche était dédié à saint Martial, celui de droite à Notre-Dame-la-Gisante (1). Un autre autel, celui de saint Georges, était placé à gauche près de la sixième colonne ; mais en 1514, il n'existait déjà plus, un document de cette année dit seulement qu'on y voyait encore après la colonne la machine de fer après laquelle était suspendue la lampe. Un acte de 1426 dit qu'il existait un autel de saint Michel auquel la communauté des vicaires était tenue de dire chaque jour la messe.

C'était devant l'autel Saint-Martial que se tenaient les réunions capitulaires pour la nomination aux cures dont le chapitre avait la collation. Les vicaires y célébraient deux messes, l'une durant les matines, l'autre au commencement de prime. Lorsque la tour nord fut tombée, ils durent accomplir cette fondation derrière le chœur, à cause de l'impétuosité du vent et de l'incommodité de la poussière.

A l'autel de Notre-Dame-la-Gisante se disait la messe des maçons, *missa lathomorum*, pen-

(1) *Registre des Obituaires*, f° 2.

dant la première moitié du XVIe siècle, quand on reconstruisait la tour septentrionale, écroulée en 1506.

C'est devant l'autel de Notre-Dame-la-Gisante qu'eut lieu en 1505 l'expiation imposée à un juge laïc, qui avait empiété sur la juridiction ecclésiastique.

Pierre Sathenat, laïc, bourgeois de Mehun, lieutenant du sénéchal de la sénéchaussée de Bourges pour Jean, duc de Berry, fit arrêter en flagrant délit un voleur nommé Jehan Marmion, revêtu d'habits séculiers, et simplement tonsuré. Il le fit jeter en prison, raser et soumettre à la question, et le condamna avec ses assistants à être pendu. Le patient avoua à son confesseur qu'il était prêtre et religieux, et de son aveu le confesseur annonça cette qualité aux assistants. L'exécution eut lieu néanmoins le 15 novembre 1405, au soleil levant.

Aussitôt l'archevêque intervint et exigea une réparation. Pierre Sathenat, en présence des officiers de l'archevêque, fit dépendre le voleur devant lui, sous es yeux d'une multitude de peuple attirée par ce spectacle étrange, et du chapitre de Mehun.

Ledit Jehan dépendu, Sathenat aida de ses mains à le mettre dans un cercueil qu'il avait fait apprêter à ses dépens ; quatre cierges de 3 livres chacun brûlaient auprès. Il le chargea ensuite sur une charrette et le conduisit lui-même jusqu'au faubourg Saint-Sulpice de Bourges. Là le cercueil fut descendu, et le lieutenant du sénéchal le fit porter pa quatre hommes, avec les cierges allumés, jusqu'à la cour de l'officialité diocésaine, tenant le drap dont il avait fait couvrir le cercueil, la tête nue sans chaperon. Là il remit le corps à l'archevêque, et, agenouillé, confessa son crime et en demanda humblement pardon. L'archevêque lui ordonna d'aller le demander à Rome, et fit porter le corps à Notre-Dame-la Gisante, où l'on célébra l'office solennel des Morts.

Sathenat portait « une ymage de cire en fourme et semblance de personne paisant xx l. de cire ; » il la présenta à l'offrande ; après le service, le prêtre fut enterré solennellement dans le cimetière des vicaires. Sathenat donna 200 s. parisis pour faire dire des messes pour le défunt

Pierre Sathenat n'alla pas jusqu'à Rome, à ce qu'il paraît résulter d'une lettre adressée à l'archevêque par l'évêque de Tusculum, cardinal-légat, datée de Marseille, 17 de février, du pontificat de Benoit, treizième année, qui accorda pardon au pénitent et lui imposa de faire dire une messe solennelle des morts à Mehun, avec deux cierges du poids de 8 livres, de faire dire 100 messes, d'aller nud et déchaussé, les bras liés, portant une vierge entre les mains et une courroie *circa collum*, *si secure poterit*, aller au-devant l'église majeure de Mehun, où le crime avait été commis, et pendant que les membres du clergé diraient les psaumes de la pénitence, se faire frapper par eux tous devant le peuple assemblé, et confesser sa faute; que lui et aucun de ses descendants ne pourrait obtenir de bénéfice ecclésiastique, à moins de dispense du Saint-Siége.

Pierre Mathé, sergent d'armes du sénéchal, qui avait pris part à l'opération, fut soumis aux mêmes peines. (1)

L'usage de séparer les femmes des hommes dans les églises parait s'être conservé longtemps dans la cathédrale de Bourges; il existait encore en 1518, et sans doute longtemps après. Par acte capitulaire du 18 avril, le chapitre commit deux chanoines P. Tullier et Copin pour voir si on pourrait faire faire des sièges en travers de la nef de l'église, pour empêcher que les hommes ne s'approchent *parqueto* où les femmes ont l'habitude de s'asseoir. — Les comptes de l'œuvre de la même année font connaître que *des selles* furent posées à cet effet dans la nef par Bernard Chapuzet.

Quant à la décoration de la nef principale, à part le système de joints d'appareil tracés en rouge, dont on reconnait partout les traces, son architecture devra toujours en faire seule les frais; mais autrefois on y attachait des tableaux; à une colonne était fixée une figure de sainte Marie de Bonnes Nouvelles. Au compte de 1548 figure le salaire d'un serrurier et de ses ouvriers « qui ont vacqué pendant trois « jours pour attacher et cramponner les tableaux « estans à la nef. »

Afin de connaitre toutes les parties qui constituent la grosse construction de l'édifice, nous pénétrerons de suite dans l'église souterraine.

(1) *Cartulaire de l'archevêché*, folio 119 et suivants.

CHAPITRE IV.

ÉGLISE SOUTERRAINE.

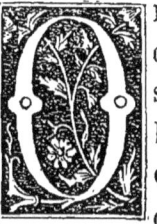N y descend par deux escaliers dont les entrées, situées dans les basses nefs, s'ouvrent dans la travée qui touche à l'est des portes latérales; les deux portes en bois qui ferment ces escaliers sont ornées de sculptures et moulures qui indiquent l'âge de leur exécution pour le commencement du XVIe siècle, ce que confirme le registre des comptes de l'œuvre de ce temps. Ces escaliers sont à quartier tournant ; en bas, à leur arrivée, ils pénètrent dans deux galeries voûtées de huit voûtes d'arête, dont le sol est légèrement incliné vers l'église souterraine dans laquelle elles débouchent par une rampe de treize arches.

Les nervures mâles et accentuées des voûtes reposent sur des consoles historiées de sujets variés, dont quelques uns sont tels qu'on n'en soupçonnerait pas la présence en un pareil lieu.

Toutes les clefs de voûtes sont sculptées. Les deux galeries débouchent dans une des deux nefs circulaires dont se compose l'église souterraine ; ces nefs, qui correspondent à celles de l'apside de la cathédrale, sont divisées par six piliers isolés composés chaque de quatre grosses colonnes et huit plus petites supportant les voûtes dont les nervures reposent aussi sur des faisceaux de colonnes engagés dans les murs latéraux au nombre de 19, car il y en a un dans l'axe qui correspond à celui de la chapelle de la Vierge

Les bases, les colonnes et leurs chapiteaux, ainsi que les nervures qui portent dessus, sont dans des proportions des plus heureuses ; les moulures sont robustes, la sculpture est sévère ; tout dans l'exécution annonce les soins et la précision d'une direction habile et savante.

Douze baies en ogive éclairent cette église souterraine. Elles sont avec colonnettes à droite et à gauche portant les moulures à boudin qui les encadrent par le haut.

Ces baies sont garnies de verrières dont cinq proviennent de la sainte chapelle du duc Jean, et méritent une mention particulière. Chacune d'elles se compose de quatre figures d'apôtres séparées par de riches niches surmontées de pignon ; le tout est supporté par un soubassement d'une architecture très-ornée. Toutes ces compositions, où l'éclat des couleurs se marie aux lignes flamboyantes de l'architeture du XVe siècle, produisent un bel effet.

Les autres baies, à l'exception des cinq dont nous venons de parler, sont garnies de verre blanc monté de plomb en losange. On doit regretter que la plupart de ces croisées soient bouchées dans la partie inférieure, ce qui ôte du jour et nuit à l'effet de cette partie, l'une des plus intéressantes du monument ; car ici tout est primitif et exécuté d'un seul jet.

Il reste encore sur les colonnes et les nervures des traces certaines d'un système de décoration peint en rouge, et consistant en filets figurant les joints. Nous avons également reconnu quelques signes lapidaires ou marques d'ouvriers, analogues à ceux qu'on rencontre dans les monuments du XIIIe siècle.

Le mur latéral intérieur, celui qui forme l'enceinte correspondante au chœur de la cathédrale, renferme une salle voutée par cinq pénétrations qui se réunissent en une seule clef. Cette salle, qui est connue sous le nom de Saint-Sépulcre, est percée de cinq baies en ogives très-étroites et élancées, dont quatre l'éclairent en second jour, et la cinquième, descendant jusqu'au sol, y donne accès. Elle est fermée par une grille en fer. Les autres baies sont également garnies de barreaux.

Au fond, adossé au mur, s'élève le Saint-Sépulcre. C'est une décoration architecturale en style de la Renaissance, dans de bonnes proportions. Elle se compose d'une façade disposée en trois parties dont celle du milieu est plus large. Les deux des extrémités forment avant-corps avec colonnes triomphales sur lesquelles l'entablement se profile en saillie.

La partie du milieu se compose de deux arcs dont les retombées forment clef pendante. Dessous, le plafond est refouillé en riches compartiments formant caissons, dans chacun desquels est une étoile.

C'est sous la partie milieu de cette élégante et coquette architecture, que le Christ, figuré nu, est étendu sur un suaire que portait Joseph d'Arimathie, et Nicodème.

Au-dessous, une riche frise, ornée de rinceaux et d'arabesques d'un charmant travail, décore la face du tombeau où le corps doit être déposé. En arrière, mais en face, sont saint Jean, Marie et Marthe, dans un mouvement et une expression de douleur assez bien sentis. Un peu plus éloignées et vers la tête sont deux autres saintes femmes.

Au pied est saint Jacques, et derrière ce dernier, une statue portant le costume de chanoine, tête nue et à genoux dans l'attitude de la prière. Cette statue est celle du donataire Jean Dubreuil, qui a fait exécuter le tombeau.

Toutes ces figures sont en pierre et peintes, à l'exception de la dernière; sur le mur du fond, se trouvent répétées les quatre arcades de la façade. Huit statuettes y sont abritées deux par deux ; sept d'entre elles représentent les vertus évangéliques avec leurs attributs ; et la huitième, le roi David, tenant une harpe.

L'ensemble de ce monument, considéré au point de vue de l'art, n'est pas sans intérêt ni mérite, bien que la sculpture statuaire ne soit pas aussi habilement traitée que celle de l'ornementation, et surtout que l'architecture. Il faut reconnaître toutefois qu'un sentiment religieux règne dans cette œuvre.

œuvre. Il faut encore citer la tête du Christ comme une des meilleures parties qu'elle renferme.

En avant du tombeau, on voit les statues en pierre du duc Jean et de sa femme, qui ont été transportées ici, lors de la démolition du palais de ce prince. Ces statues, qui ne sont que la répétition assez grossière de celles que nous avons déjà décrites, ne sont pas peintes comme leur modèle. Elles sont d'un travail rude et peu avancé ; il parait que ce n'est que postérieurement à la mort du duc qu'elles auraient été exécutées pour être placées dans un vestibule du palais, ce qui expliquerait leur imperfection. Devant la statue du duc, on a placé maladroitement le prie-Dieu de la statue du maréchal de Montigny.

Au centre, en face la porte, on remarque dans le dallage une grande pierre tumulaire sans inscription; mais seulement on voit au milieu un refouillement carré qui indique la place qu'une plaque de métal a dû occuper : c'est la tombe de Jean Dubreuil dont nous avons indiqué la statue plus haut.

Revenons maintenant dans l'église souterraine où il ne nous reste plus qu'à examiner les sculptures et inscriptions qui s'y trouvent.

D'abord sur le mur à droite en sortant du sépulcre, on lit sur une table renfoncée l'inscription suivante en lettres gothiques :

GAZOPHILATIUM.

Entre vous qui par cy passez
En grande meditation,
Priez Dieu pour les trepassez
N'obliez la réparation.

Comme on le voit, l'intention subsiste encore, mais le fait a disparu, car il n'y a plus de tronc. Il est vrai que cette inscription a peut-être été déplacée du lieu qu'elle occupait originairement. Un vieux titre fait mention d'un tronc placé à l'entrée de l'église après la chûte de la tour nord. C'était là qu'était placée sans doute cette inscription.

Derrière le mur du fond qui n'a été élevé qu'à l'époque de la construction du Saint-Sépulcre, il existe un espace inaccessible en ce moment, autrement que par une des baies qui l'éclairent. Cette partie, qui est le complément de la précédente, est remplie d'immondices, la voûte est formée par la continuation des nervures de celle du sépulcre.

Il existe fort peu de pierres tombales; celles qui se remarquent sont :

Dans le dallage en face la porte du sépulcre, celle d'Antoine Romelot, oncle de l'écrivain que nous avons cité plusieurs fois; elle est ainsi conçue :

D. PETRUS ANT.

ROMELOT PRESB. †.

SACRÆ FACULT

PARIS LICENT

HUJUS ECCL. DECANUS

OB. 13 SEPT. 1777.

ÆTAT 72.

† CAROLI—LOCI AD

MATRONAM NATUS

†

Dans la nef touchant le mur extérieur, en face le dernier vitrail colorié, on lit :

>DOMINUS JACOBUS GASSOT
>† DECANUS OBIIT XXVIII †
>AUGUSTI ANNO MDCXXVIII.

Cette pierre n'est pas celle qui recouvrait primitivement les restes de l'abbé Gassot, doyen du chapitre, ce n'est que récemment qu'elle a été placée.

Près des marches qui donnent entrée à la galerie du sud, il existe la seule pierre qui offre de l'intérêt. Elle est du XIIIe siècle et représente sous une ogive trilobée, portée par deux colonnettes à base et à chapiteaux, un chanoine vêtu de son costume sacerdotal. Il a les mains croisées sur la poitrine, les yeux fermés, et tout annonce dans les traits du visage, aussi bien que dans l'attitude du corps, que le personnage représenté jouit du repos éternel. Le manteau qui se retrousse et se drape en longs plis sur les côtés, laisse voir dessous l'étole et l'aube richement ornés ; le manipule est sur le bras gauche. Dans la partie haute en dehors de l'ogive, à droite de la tête, est figuré le soleil, à gauche la lune.

Le dessin et la gravure de cette tombe sont d'un style et d'une pureté qui indiquent suffisamment la date de son exécution, quand bien même elle ne figurerait pas dans l'inscription qui l'entoure et que nous transcrirons ici. Malheureusement les noms des personnages manquent ; ils sont trop frustes pour avoir pu être copiés. En commençant par le haut, on lit :

HIC JACET MAGISTER....
... YE CAN BITURICEN ET SACDOS
QUI OBIIT DIE LUNE POST OCTABAS
PETHECOSTES ANNO DNI MCC
SEPTUAGESIMO, CUJUS ANA REQUIESCAT
IN PACE. AMEN. †

Si l'église souterraine ne renferme pas autant de pierres tombales qu'on pourrait espérer en trouver, elle possède en ce moment plusieurs sculptures qui ont le double mérite d'être fort curieuses sous le rapport historique, et très-intéressantes sous celui de l'art.

C'est d'abord la statue en marbre blanc du duc Jean, celle qui était placée sur son tombeau dans la Sainte-Chapelle de son palais, et qui a été transportée ici en 1757, après la destruction de cette Sainte-Chapelle.

Le duc est représenté de grandeur naturelle, couché et les mains croisées sur la poitrine ; dans la droite il tient le sceptre, de la gauche une banderole déroulée sur laquelle on lit :

Quid sublime genus, quid opes, quid gloria præstent !
Prospice ; mox aderant hæc mihi, nunc abeunt.

Sa tête, qui repose sur des coussins, est ornée d'une riche couronne ducale. Son corps est drapé dans un ample manteau à pélerine d'hermine, dont les mouches sont en incrustation de marbre noir.

Ses pieds reposent sur un ours muselé et enchaîné, dont les pattes sont croisées.

Toute cette partie du monument est en marbre blanc ; elle repose sur une vaste table de marbre noir, au chaufrin de laquelle est gravée l'inscription suivante en lettres gothiques, qui commence sur le côté, à droite de la tête :

† Cy repose prince de très-noble mémoire, monseigneur Jehan, fils, frère, oncle de roys de France et nepveu de l'empereur Charles, roi de Béhangue ; duc de Berry et d'Auvergne, comte de Poictou, d'Estampes, de Giem, de Boulogne et d'Auvergne, et per de France ; qui édifia, fonda, dona et garnist de tres-sainctes reliques et de tres-riches ornements ceste saincte chapelle, et trespassa à Paris en laage de LXXVI ans, l'an mil quatre cens et seize, le quinziesme jour de juing : priez Dieu pour l'ame de luy. ⁂ — Et en mémoire duquel : Charles VII, roy de France, son nepveu et héritier, prince tres-æpian et tres-victorieux, fist faire ceste sépulture. »

Cette table et la statue formaient le dessus du tombeau, dont le soubassement se composait d'une suite de niches renfermant des statuettes en albâtre avec dais et pinacles au-dessus, dans le style le plus flamboyant du XVe siècle. Ce qui formait la décoration architecturale n'existe plus, mais on conserve encore dans le musée de la ville huit des figurines qui l'ornaient. M. de Vogué, représentant, en possède quatre, et M. Mercier en a découvert une treizième tout récemment dans un mur de sa maison à Bourges. On aperçoit encore des traces de la peinture et de la dorure qui recouvraient originairement la statue du duc ; l'ensemble du monument, lorsqu'il était complet, devait être des plus satisfaisant. Sous le rapport de l'art, l'exécution offre des parties d'un travail très-remarquable ; le visage, les mains surtout sont étudiés avec beaucoup de soin. Il serait à désirer qu'on pût un jour rendre à ce monument son aspect primitif en lui restituant le soubassement qu'il a perdu.

Il nous est impossible de dire d'une manière certaine où ont été déposés les cercueils de la Sainte-Chapelle lors de sa suppression, et entre autres celui du duc Jean. Nous ne pouvons pas non plus dire si ils ont été spoliés comme les autres pendant la Terreur.

A droite et à gauche de cette statue on en voit quatre autres en marbre blanc. Elles proviennent des tombeaux qui existaient dans les chapelles de la cathédrale; en 1793, ces tombeaux ayant été spoliés et la cathédrale transformée en temple de l'unité, les statues qui les décoraient furent dispersées et déposées en divers endroits ; ce n'est que lorsque le culte fut rétabli qu'on réunit les divers objets que la piété des fidèles avait pu sauver du vandalisme. Les statues dont nous allons parler sont de ce nombre.

La plus éloignée à droite représente François de la Grange, maréchal de Montigny, dont nous parlerons plus tard en descrivant la chapelle de Montigny. Il est représenté à genoux, les mains jointes, dans l'attitude de la prière, revêtu du grand costume de l'ordre du Saint-Esprit. Un prie-dieu était placé au devant de lui lorsqu'il occupait sa place primitive ; on l'a placé devant la statue du duc Jean, près du sépulcre Le maréchal porte le grand costume de l'ordre du Saint-Esprit ; de même que dans le vitrail qui orne la chapelle que nous décrirons la ressemblance de ses traits a beaucoup d'analogie avec ceux d'Henri IV.

Indépendamment du soin apporté au travail du visage et des mains, celui relatif à l'exécution des vêtements et à la prodigieuse richesse d'ornements qui les couvrent, est des plus remarquable. A ce sujet, qu'on nous permette de citer un document curieux émané du maréchal. Il existe aux archives du Cher le recueil des états de service des chevaliers des ordres du roi, de Henri II à Henri IV. Tous ont écrit de leurs mains le détail de leurs campagnes. Le maréchal s'est contenté d'écrire : « je ne veux poinct mettre par escrit les lieux où je me suis trouvé depuys que j'ai l'honneur de porter les armes pour le service du roy. Sa Majesté, les princes de son sang, et tous les chevaliers sçavent assez qu'il ne s'est pas trouvé d'occasion où je n'aye pas rendu preuve de ma fidélité et faict acte digne d'un gentilhomme de ma qualité. Montigny »

Les deux figures à gauche sont celles des l'Aubespine père et fils. Comme la précédente, elles étaient placées sur un tombeau qui se voyait autrefois dans la chapelle de leur famille, qui avait été aussi celle de Jacques-Cœur. Elles sont à genoux et dans l'attitude de la prière.

Celle du père, Claude de l'Aubespine, habile diplomate chargé de négociations importantes, chancelier de la reine de Navarre, le représente vêtu de sa simarre. Il a les mains jointes ; les traits du visage sont calmes, et l'expression générale est celle du recueillement. La partie la plus remarquable de cette œuvre est sans contredit la tête, dont le modelé et l'exécution ne laissent rien à désirer.

Ce marbre est signé Ph. de Buister, sculpteur de Bruxelles, dont il existe plusieurs autres œuvres en France, notamment à Versailles, deux satyres et une Flore. Il a fait également le tombeau du cardinal de Larochefoucauld. (Né en 1595, mort en 1688).

La seconde figure est revêtue du grand costume de l'ordre du Saint Esprit. Ce personnage est Claude de l'Aubespine, fils du précédent, connu sous le nom de Châteauneuf, garde des sceaux avec Richelieu, emprisonné par lui plus tard, devenu ensuite le constant adversaire de Mazarin; mort, le 24 septembre 1653, du chagrin que lui causa la perte des sceaux lors du retour de son ennemi vainqueur.

Cette statue est d'une exécution peut-être plus savante, mais aussi plus maniérée que la précédente. La main droite, appuyée sur le cœur, en donnant plus de mouvement à l'action, ôte le calme qui convient à la prière. La richesse des vêtements est traitée avec un grand art d'arrangement et d'exécution.

En face, à côté du maréchal, est la statue de Marie de La Châtre, femme de Claude de l'Aubespine et mère du garde des sceaux. Elle est aussi agenouillée et tenait entre ses mains une croix aujourd'hui brisée; le costume, quoique simple, a heureusement inspiré l'artiste, qui a su en faire ressortir tous les détails sans nuire à l'ensemble de l'effet.

Quoique mal éclairées et placées trop bas, les statues que nous venons de décrire offrent un témoignage de plus en faveur de l'art de cette époque qui n'est pas assez appréciée parce qu'elle n'est pas assez connue. On doit regretter que le nom de tous les artistes auxquels elles sont dûes ne soit pas encore révélé (1).

Nous ne quitterons pas l'église souterraine sans mentionner encore, au nombre des objets d'art qui y sont déposés, 12 figures en pierre. Elles proviennent des voussures du grand portail. Il suffit de les comparer avec celles qui ont été mises à leur place, pour déplorer qu'elles aient été réléguées dans le passage obscur où elles sont en ce moment.

Il nous a été possible de trouver quelques documents sur l'ancien état de l'église souterraine en 1536 : « On refaict les aultels de l'église souterraine; deux chanoines sont chargés d'inspecter les travaux, pour qu'on puisse les bénir au prochain sinode ; on faict réparer le crucifix d'argent du grand autel, et replacer l'autre crucifix que quelques uns appellent Sainct-Alengore, dans les dernières voûtes de l'église, dans quelque lieu secret, *ne videatur.* » (*acte capitulaire*). Il nous a été impossible de découvrir quelle pouvait être la raison qui faisait cacher avec un pareil soin ce crucifix appelé « Sainct-Alengore. »

En 1556, le général des finances Bohier consta-

---

(1) Voir, au sujet de ces statues, la description de la chapelle de Montigny, et celle de la chapelle de Saint-Ursin ou des l'Aubespine. (*Chapelles* nos *1 et 7*).

tait dans son procès-verbal qu'il y avait de chaque côté « 12 toises de longueur n'ayant nul carreau, et pour le faire semblable à celui de l'église en pavé carré, vaut bien 200 liv. t. »

En 1562, les protestants ravagèrent aussi l'église souterraine. Nous trouvons dans les comptes de l'œuvre, à la date du 7 février : « Payé à Jehan Levest et à François de la Forêt, maîtres massons, la somme de 77 liv., pour avoir cloust et fermé de murailles plusieurs ouvertures, fenêtres et verrines, donnant luminaire en l'église basse du sépulcre, remis plusieurs treillis de fer spoliés par les huguenots ; lesdites verrières regardant en la court archiépiscopale pour entrer en ladite église, ensemble pour murailler un grand huys pour entrer de ladite cour en ladite église, etc. Robert Dallida reçut 4 livres pour avoir réparé les vitres. »

On voit le maître de l'œuvre acheter en 1588 « un grant ymage en toylle où est dépeinct le sépulcre de N. Seigneur, et ce pour le mettre sur l'autel de dessous l'église. »

Le 19 juillet 1757, en démolissant les restes d'un ancien autel, on trouva dessous, au niveau du caveau, une espèce de tombeau en pierre, de la longueur de deux pieds dix pouces dans œuvre et onze pouces de profondeur ; dedans était une boîte en bois, écrasée par la chute des pierres, fermée par une charnière en fer. Ils furent recueillis et déposés dans une nappe d'autel scellée et mis dans la sacristie. Cet autel était près de l'entrée du côté de l'Archevêché, adossé au mur qui sépare le sépulcre de l'église souterraine.

On trouva également une pierre dans laquelle était enfermé et hermétiquement scellé un vase de verre avec son couvercle, où l'on trouva plusieurs morceaux d'ossements, avec un morceau d'étoffe et une lame de plomb sur laquelle on lisait en lettres onciales : « *De pera sancti Ursini! de collo sancti Symphoriani! uncia sancti Justi! costa sancti Valeriani.* » Ces reliques furent immédiatement replacées dans le nouvel autel de marbre. Le procès-verbal de cette opération existe encore aux archives.

Nous avons dit que quelques fenêtres étaient garnies de vitraux, enlevés de la Sainte-chappelle lors de sa suppression en 1757. Un acte du chapitre que nous citons ici prouvera qu'à cette époque comme aujourd'hui la manie des mutilations exigeait des précautions pour préserver les œuvres d'art exposées au public. « Le 26 juin 1758, pour conserver ces
« vitraux, M. le Chantre a été député pour proposer
« à messieurs de St-Ursin de sortir par la principale
« porte du chœur lorsqu'ils assistent à l'office ou à
« quelques cérémonies, et de s'en retourner chez eux
« par la porte collatérale qui est au nord, au lieu de
« sortir par la porte collatérale gauche du chœur et
« de passer par le cimetière, afin que les personnes
« qui les suivent ne nuisent pas auxdits vitraux, ce
« que mesdits sieurs ont accepté. Déjà l'issue par
« laquelle on entrait au cimetière avait été fermée. »
(*Actes capitulaires.*)

Cette église, improprement appelée souterraine, sert aujourd'hui à divers usages religieux, et, autrefois, le culte s'y exerçait habituellement. Un obituaire de 1697, conservé aux archives actuelles du chapitre, nous apprend que « tous les premiers vendredi de chaque mois on descend sous terre en chantant le *Stabat*, on entre dans le sépulcre où il se finit par l'oraison *Interveniat*, après lequel on commence le *De profundis* en faux-bourdon, que l'on chante en revenant au chœur, où il se finit par l'oraison *Fidelium*. Le chapitre était chargé en outre de diverses fondations à acquitter *sous terre* comme on disait alors, entr'autres, le 24 avril, un *Libera* pour le maréchal de Lachastre, et le Samedi-Saint deux messes, dont une dite *du bon larron*.

Il reste à décrire le caveau des archevêques ; mais comme on ne peut y pénétrer que par le sol de la cathédrale, nous nous en occuperons lorsque nous décrirons le dallage et les sépultures qu'il recouvrait.

CHAPITRE V.

DESCRIPTION DES CHAPELLES.

LLES sont, comme nous l'avons dit, de deux sortes quant à leur construction primitive. Celles qui rayonnent au pourtour de l'apside, au nombre de 5, appartiennent à la construction même du monument, c'est-à-dire au XIIIe siècle ; celles qui ont été établies entre les contre-forts sont postérieures et généralement du XVe siècle. Nous commencerons par la première à gauche en entrant, celle du collatéral nord, la plus rapprochée du portail occidental.

1° CHAPELLE DES FONTS-BAPTISMAUX,

Autrefois de Saint-Sébastien, de Bucy, des S. S. Anges, de Montigny.

L'entrée de cette chapelle, qui a été, comparativement aux autres, considérablement agrandie, est ornée de moulures prismatiques aiguës avec arcature pendante et trilobée; des feuilles de chardon courent dans la gorge rentrante. La voûte est divisée en deux croisées d'arête, dont les retombées sont supportées par les attributs des quatre évangélistes, tenant des philactères; les deux clefs sont avec écussons aux armes de Pierre Aymery, archevêque de Bourges, de 1391 à 1409 (d'or à une face de gueule, chargée de trois émerillons d'argent). La verrière est divisée en quatre panneaux trilobés par le haut, surmontés d'un quatre-feuilles; le tout est inscrit dans une ogive.

Les vitraux représentent l'Assomption de la Vierge; dans les quatre feuilles du haut, deux anges adorateurs, à droite et à gauche; au-dessous les apôtres entourant le tombeau de la Vierge, sur lequel est inscrit la date de 1619, qui est celle de l'exécution de cette œuvre; tout au bas enfin les donataires sont représentés en grand costume du temps On remarque que les traits du maréchal de Montigny ont une grande ressemblance avec ceux du roi Henri IV, ainsi que cela a été dit en décrivant sa statue, déposée dans l'église souterraine.

Toute la partie architecturale de cette chapelle appartient au XVe et au XVIe siècle. La verrière est d'un travail remarquable, surtout en ce qui concerne les portraits des donataires.

Mais cette chapelle, qui a reçu plus récemment une autre destination que celle qui lui était assignée par sa fondation, a bien perdu de son aspect primitif, en devenant chapelle des Fonts-Baptismaux, et par l'introduction de divers objets nécessaires à l'administration du sacrement de Baptême ; une cuve en pierre peinte, placée dans un hémicycle ou niche, surmontée d'un dais en menuiserie, en style du XIXe siècle, produit le plus mauvais effet, il faut encore ajouter un lambris en bois de même style, dont on a recouvert les murs jusqu'à une certaine hauteur. Au-dessus de l'emplacement de l'autel, un tableau fort médiocre représentant le baptême du Christ.

Tous ces objets sont loin de concourir à l'embellissement d'une cathédrale, et malheureusement nous serons plus d'une fois dans la triste nécessité de signaler et de déplorer le goût qui a présidé trop longtemps à la décoration de nos édifices religieux.

Nous ne connaissons pas le titre de la fondation de cette chapelle indiquée par Lathaumassière comme étant de 1406, mais les armes de Pierre Aimery constatent son droit de fondateur. C'est cet archevêque qui, étant entré un jour dans la cathédrale précédé d'un prêtre *de famulis suis*, porteur d'une verge de bois blanc, fut forcé par le chapitre de signer un acte par lequel il reconnaissait n'avoir voulu en rien préjudicier à la franchise du chapitre. (10 janvier 1403).

Lorsque la tour septentrionale s'écroula, la chapelle fut presqu'entièrement détruite ; un acte capitulaire de 1506 nous fait connaître sous quel vocable elle était alors ; il ordonna la fondation des murs de la tour sur l'alignement de ceux de la chapelle voisine de Saint-Sébastien. Sa reconstruction fut commencée sous l'épiscopat de Michel de Bucy, fils naturel de Louis XII, élu en 1505, mort en 1511 dans sa vingt-troisième année ; mais les travaux allèrent avec une grande lenteur et furent souvent abandonnés. Les comptes de l'œuvre nous apprennent qu'en 1519 on y fit travailler.

En 1531, par acte capitulaire du 21 juillet, le doyen du chapitre fut autorisé à continuer la chapelle commencée à côté de la tour neuve sous M. de Bucy.

Cependant, en 1556 cette reconstruction n'était pas terminée, ainsi que le constate le procès-verbal de la visite d'Antoine Bohier, général des finances, chargé de dresser le devis des travaux à exécuter pour achever la cathédrale :

« Au-devant dudit pavé, près de la tour neuve,
« il y a une chapelle appelée la chapelle de Bussi, où
« on n'y chante aucunement parce qu'elle est impar-
« faite, car il n'y a ferme de verrines ni autel, ni
« pavé, et aussi n'est aucunement bouchée du côté
« de vers la tour, sinon une petite muraille qu'on a
« faite au-devant, et pour ce faire et parachever
« la dicte chapelle, il y faut employer 200 liv. tour-
« nois. »

Cette chapelle resta longtemps sans destination. Un acte fait connaître qu'en 1618, il y avait à la fenêtre « apparence d'y avoir autrefois eu une vitre. » A la mort du maréchal de Montigny, Gabrielle de Crevant, sa veuve, obtint la concession de cette chapelle, et y fit déposer le corps du maréchal.

La maréchale voulut immortaliser le souvenir de son mari par un monument digne de son rang. Elle fit d'abord achever la chapelle, et nous avons retrouvé aux archives du département le marché passé à ce sujet avec Jehan Lafrimpe, tailleur d'images. Elle fit ensuite placer un tombeau en marbre blanc dont les statues des deux époux existent encore aujourd'hui; nous les avons décrites dans le chapitre de l'église souterraine où elles sont actuellement placées.

Lorsque Saint-Etienne est devenu l'une des paroisses de Bourges, les fonts baptismaux ont été placés dans cette chapelle et y sont encore.

2° CHAPELLE SAINTE-CLAIRE,

Anciennement des Fradet, de la Comtale.

Cette chapelle, placée à la suite de la précédente, appartient, par la décoration architectonique de son intérieur, au XVe siècle. Sa voûte ne forme qu'une seule croisée traversée par une nervure qui règne sur la clef de chaque pénétration ; la clef saillante est ornée d'un écusson aux armes des Fradet, qui sont (d'or à trois fonds de dards de sables).

Les retombées sont soutenues par des anges tenant

des écussons dont les armoiries, autrefois peintes, sont effacées. La voûte porte des traces d'un appareil peint en rouge, le même qui se retrouve presque partout à l'intérieur de la cathédrale, et dont nous aurons occasion de parler plus tard.

La verrière est divisée en quatre panneaux par des meneaux en pierre supportant des ogives trilobées, au-dessus desquelles sont des compartiments flamboyants, représentant dans la partie haute la Vierge ; au dessus le Saint-Esprit nimbé ; dans les plus petits lobes, sont des anges adorateurs et chantant ; ils tiennent en main des rouleaux sur lesquels est noté du plein-chant.

Au-dessous, à droite, le Christ en croix ; au milieu la Résurrection ; à gauche le Christ apparaissant à Magdeleine. Enfin, dans les quatre panneaux inférieurs, sont représentés de grandeur naturelle les quatre évangélistes. Ils sont nimbés et abrités sous de riches dais ; ils sont supportés par des culs de lampe, et tiennent en main chacun le livre des évangiles ouvert au texte qui correspond à chacun d'eux ; à leurs pieds sont leurs attributs avec des philactères portant leurs noms.

Ce vitrage appartient évidemment au commencement du XVIe siècle. Sur l'autel en menuiserie est un tableau sans mérite. Il représente sainte Claire. En face, une console, dans le style du XVIIe siècle, supporte le buste en marbre de M. de Fradet de Saint-Aoust, seigneur de Marmagne et de Châteaumeillant ; au-dessus un cul de lampe écussonné aux armes de France effacées.

Un confessionnal offusque la vue par sa forme barbare. Comment le clergé, qui de tout temps aurait dû être le conservateur né de ses monuments et surtout l'ordonnateur judicieux de leurs décorations, a-t-il pu se rendre si longtemps le complice du mauvais goût qui s'y est introduit. Heureusement qu'une nouvelle ère a déjà commencé ; et comprenant aujourd'hui qu'il est nécessaire de diriger l'impulsion que la science archéologique donne à l'art chrétien, on a ouvert des cours dans les grands et petits séminaires. Espérons qu'avant peu les heureux effets de cette libérale mesure se manifesteront dans la décoration de nos édifices religieux.

Cette chapelle a été construite en 1456, par Pierre Fradet, doyen du chapitre, conseiller au parlement de Paris, ambassadeur de Louis XI auprès du pape Paul II. Pour sa fondation il donna, en 1462, six cents écus d'or pour entretenir deux vicaires, et trois cents écus d'or pour fonder un obit le jour anniversaire de son décès. Cet obit se disait le 24 février et se payait cent sols (compte de l'œuvre de 1502). Pierre Fradet mourut à Rome en 1467, et y fut enterré dans l'église Saint-Pierre ; son cœur fut rapporté dans sa chapelle de Saint-Etienne, et on y plaça l'inscription suivante qu'on y lit encore aujourd'hui sur le jambage à droite. Elle est gravée sur marbre noir en caractères gothiques dorés. En tête se voit l'écusson des Fradet, surmonté d'un casque en cimier de fasce et fermé ; au bas une tête de mort et deux os en croix. Elle est ainsi conçue :

ANNO SALUTIS MILLES⁰ IIII^C VIII⁰ ILLUSTRISSIMUS
DOMINUS D. PETRUS DE FRADET HUJUS ECCLESIE
VENERABILIS DECANUS IN SUPREMA PARISIENSI CURIA
SENATOR INTEGERRIMUS HONORIFICA APUD PAULUM II
PONTIFICEM MAXIMUM LEGATIONE FUNCTUS QUAM EI
LUDOVICUS GALLIÆ REX XI OB SUMMAM VIRI
AUTHORITATEM ET IN GERENDIS PUBLICIS REBUS EXPERIENTIAM
COMMISIT SACELLUM HOC A SE INEDIFICATUM INSIGNI
DOTE COMPLETAVIT ROMÆ MORTUUS A PAULO II
CUI BONORUM PARTEM EX TESTAMENTO LEGAVERAT
INTRA APOSTOLORUM BASILICAM MAXIMO CUM
HONORE CONDITUS CORDIS DEPOSITUM HUIC TUMULO REDDI VOLUIT
SPECTANDUM ITALIÆ VULT DARE GALLIA PETRUM
EXIMIUM IN PETRO PERDIDIT IPSA DECUS
DEFUNCTI CINERES ORNANT ROMA SEPULCHRO
COMMUNEMQUE DEDIT CUM PETRO HABERE LOCUM
NE TAMEN INGRATA AUT FIDEI QUONDAM IMMEMOR ESSET
CORDIS DEPOSITUM REDDIDIT HUIC TUMULO
REQUIESCAT IN PACE.

Toutes les fondations des Fradet pour cette chapelle sont transcrites au 2ᵉ volume du cartulaire de Saint-Etienne, fos 161 et suivants, et contiennent des détails fort étendus sur les services dont ils voulaient assurer la célébration. L'inventaire du trésor fait mention de nombreux vêtements sacerdotaux à leurs armes et donnés par eux ; six chasubles de damas et satin de couleurs violette, rouge, noire et bleue ; cinq parements pour l'autel, en damas rouge, frangé d'or et d'argent, dentelle d'or, blanc, violet, noir.

Une autre inscription, placée sur le pied droit de l'arcade d'entrée de la chapelle, à gauche en entrant, a été consacrée au savant Guillaume-François Berthier, né à Moudun le 7 avril 1704, jésuite, rédacteur du journal de Trévoux, auteur de nombreux ouvrages, garde de la bibliothèque royale, adjoint à l'éducation de Louis XVI et de Louis XVIII, mort à Bourges le 5 décembre 1782. Le chapitre de Saint-Etienne lui accorda les honneurs de la sépulture dans cette chapelle. On lit en lettres d'or, sur une table de marbre noir :

DEO IMMORTALI
SACRUM
HIC JACET
GUILLELMUS FRANCISCUS BERTHIER
SACERDOS PATRIA EXOLDUNUS
SOCIETATEM JESU INGRESSUS
ANNO M. DCC. XXII.
VITAM EGIT MORUM CANDORE VIRTUTUM SPLENDORE
LITTERARUM ET DOCTRINÆ FAMA TUENDÆ RELIGIONIS STUDIO
CLARISSIMAM
BIBLIOTHECÆ REGIÆ CUSTOS
INSTITUTIONI LUDOVICI XVI
REGIS CHRISTIANISSIMI
ADDITUS ANNO M. DCC. LXII
IN AULA VIXIT MODESTE AC RELIGIOSE
SUPREMA VITÆ TEMPORA
UNI DEO ET CHRISTIANÆ PIETATIS
CHARITATISQUE OFFICIIS IMPENDIT
ANNOS ÆTERNOS
ASSIDUA MEDITATIONE REPUTANS
OBIIT DIE XV DECEMBRIS, ANNO M. DCC. LXXXII
ÆTATIS SUÆ LXXVIII
CIVIS OPTIMUS HOC IN TEMPLO
CUM PUBLICO URBIS LUCTU
DECRETO CAPITULI
TUMULATUS EST
VIRTUTIS EXEMPLUM ET INCITAMENTUM
Beati mortui qui in Domino
moriuntur. *(Apoc., 14, 13)*.

Cette inscription, enlevée en 1793 quand les tombeaux furent spoliés, a été replacée par les soins de l'abbé de Vauverte, neveu de l'abbé Berthier.

3° CHAPELLE SAINT-LOUP,

Anciennement de Saint-Martin, de Beaucaire.

L'architecture de la voûte et de la verrière est semblable à celle de la chapelle précédente; les nervures des voûtes sont supportées par des anges portant écussons armoriés. Cette chapelle, qui vient d'être restaurée, témoigne de la bonne direction qui présidera désormais aux travaux de décoration qui s'exécuteront dans la cathédrale. La partie supérieure du vitrail représente le Christ nimbé et bénissant; au-dessous, à droite et à gauche, la Vierge et saint Joseph priant. A côté des anges sonnant de la trompette; au-dessous, réunis trois par trois, sont les apôtres. Plus bas, la résurrection universelle. Enfin, dans les quatre panneaux au-dessous, sont un pape, un cardinal et deux évêques mitrés et crossés.

Toutes ces figures sont nimbées; elles tiennent des livres ouverts sur lesquels se lisent les noms de Martinus, Sulpicius et Ambrosius, et sont surmontées de riches dais.

Le nouvel autel en pierre est évidé par dessous pour recevoir les reliques. Le retable au-dessus est également en pierre; il est divisé en cinq compartiments quadrilobés dont deux représentent en bas-reliefs des scènes de la vie de saint Loup, et les trois autres contiennent les canons. Au-dessus, un socle porte la statue du saint évêque revêtu de ses habits sacerdotaux. Il est mitré, crossé et nimbé, et dans la position de donner la bénédiction. Il est placé sous un dais riche, peint et doré. En face est un confessionnal en style du XIIIe siècle. Ce meuble, s'il n'est pas irréprochable, indique du moins les heureuses tendances de l'art dans ce genre.

A cette chapelle est attachée la confrérie de Saint-Loup, à laquelle on fait affilier les petits enfants pour les préserver de la peur. C'était à cette chapelle que se disait avant la Révolution la messe dite des Enfants.

Cette chapelle a été construite, en 1457, par Pierre de Beaucaire *(de bello cuadro* dans les actes latins), chanoine de la cathédrale et secrétaire de Charles VII. Il donna pour la fondation d'abord 1,000 écus d'or et plus tard d'autres biens. Elle fut ratifiée par l'abbé de Nambroix de Bourges, délégué par Etienne, archevêque de Milan, référendaire domestique du pape, légat à latere en France.

Le service anniversaire du fondateur se faisait le 18 juillet et se payait cent sols. Il était mort peu de temps après la construction de la chapelle, car le compte de 1460 mentionne la dépense de pareille somme pour son anniversaire.

D'autres chanoines choisirent leur sépulture dans cette chapelle, et firent peindre leurs armoiries sur les écussons placés à la retombée des voûtes. Ce sont celles de Bonin Leroi, Dubreuil et Barbarin.

Aujourd'hui, un de ces écussons a été remplacé par celui de M. l'abbé de Quincerot qui, étant vicaire de la cathédrale, a fait restaurer la chapelle.

On trouve, dans le compte de 1502, la mention du paiement fait à M⁰ Jehan Prudhomme, maistre des enfants de chœur, de 50 liv. tournois, pour les messes fondées par M⁰ Pierre Barberin et M⁰ Martin Bonin. L'anniversaire de ce dernier se disait le 21 avril et se payait 6 liv.

4° CHAPELLE SAINT-DENIS,
Autrefois de Bar.

La voûte et la croisée sont dans le même style que celles de la chapelle précédente. A la clef un écusson aux armes de Denis De Bar, fondateur, (fascées trois fois d'or, d'argent, d'azur,) avec mitre et crosse. La croisée descendant plus bas est complète. Les vitraux représentent dans la partie haute le Christ bénissant; tous les lobes flamboyants sont remplis par des anges adorateurs. Les quatre panneaux du bas sont chacun divisés en quatre sujets, formant ensemble seize scènes de la vie de saint Denis, expliquées par autant de quatrains français. Ces scènes sont encadrées dans des décorations architecturales, dans le style du XVIᵉ siècle.

L'autel en pierre est du XVIᵉ siècle. Sur sa face latérale à gauche, il est refouillé en forme d'armoire destinée soit à renfermer des reliques, soit à déposer des vases sacrés. Ce renfoncement a deux pieds de profondeur sur un pied de large ; il est sans fermeture. Au-dessus de cet autel est un tableau de l'école moderne représentant le repos de la Sainte-Famille : la Vierge et l'enfant Jésus sommeillent, saint Joseph est auprès qui les contemple avec bonheur. Cette toile, qui n'est pas sans qualités, est signée Belloc, 1829.

La construction et la fondation de cette chapelle sont dues à Denis De Bar, chanoine de la cathédrale, évêque de Tulles et ensuite de Saint-Papoul. On lit dans les registres capitulaires : « A la date du ven-
« dredi 9 octobre 1517, à la supplication du révé-
« rend seigneur Denis De Bar, autrefois évêque de
« Saint-Papoul, présentée par messieurs de Launay
« et J. Peynin, il lui a été accordé l'autorisation
« de faire édifier une chapelle dans l'église de
« Bourges, entre la chapelle Saint-Jehan et le lieu
« du chapitre. Sont chargés de surveiller les tra-
« vaux, de Blet, Pierre Tullier et Fleuri Copin,
« chanoines. (1) » En 1528, de Launay obtint du chapitre la permission de placer une statue *de Saint-Syre* dans la nouvelle chapelle (*registre capitulaire*).

Contrairement à l'habitude des fondateurs, Jean De Bar ne demanda pas à être enterré dans sa chapelle. Il est vrai qu'il était impossible d'y creuser un caveau puisqu'elle est construite au-dessus de l'escalier qui mène à l'église souterraine, ce qui a nécessité l'élévation de cinq marches qu'elle présente au-dessus du sol de l'église.

(1) Voir *Lathaumassière sur les De Bar*.

5° CHAPELLE SAINT-JEAN-BAPTISTE,

Elle est aussi appelée chapelle de Dubreuil dans un arrêt du Parlement de 1593.

Ainsi qu'aux précédentes chapelles, la voûte et les nervures sont du XVe siècle ; les armes de France, supportées par deux anges, sont à la clef ; la voûte est peinte en rouge avec bordure fleurdelysée ; sur les nervures, proche la clef, des amorces d'azur avec fleurs de lys.

Dans la partie haute ou flamboyante du vitrail, on voit au sommet Dieu le Père ; au-dessous, des anges jouant de divers instruments ; plus bas, la Visitation ; à coté, la naissance du Christ ; au-dessous à gauche, l'Adoration des Bergers ; à droite, la Présentation au Temple ; à gauche, Hérode ordonnant le massacre des Innocents ; puis le Massacre, et enfin la Fuite en Égypte.

Ce vitrail est encore composé de quatre panneaux, dont trois à droite sont consacrés à l'Adoration des Mages : dans le premier, on voit saint Joseph, la Vierge tenant sur ses genoux l'enfant Jésus adoré par un roi mage agenouillé ; dans le deuxième, le second roi mage, couronne en tête et glaive au côté, porte les présents ; dans le troisième panneau, le roi mage Ethiopien porte également son offrande. Tous les costumes de cette composition sont de la plus grande richesse Le quatrième panneau représente saint Jean-Baptiste portant de la main gauche un livre fermé sur lequel est l'agneau nimbé ; il présente à la Vierge le donateur, suivi de son frère en costume de chanoine de Saint-Etienne ; au-dessous sont ses armes. Elles sont (d'azur à la fasce d'or, trois merlettes d'or, deux et une). Des dais très-riches d'ornementation surmontent chacun des quatre panneaux.

L'autel est en menuiserie d'aucun style ; au-dessus est un tableau de Jean Boucher, célèbre artiste Berruyer du XVIIe siècle, représentant saint Jean-Baptiste près du Jourdain ; en face un confessionnal indigne de figurer dans une cathédrale.

Les murs de cette chapelle conservent des traces de peintures à fresque, notamment celui au-dessus de l'autel.

Cette chapelle a été construite en 1466 par Jean de Breuil, filleul du duc Jean de Berry, chanoine de Saint-Etienne, archidiacre de Bourbon, chanoine de la Sainte-Chapelle, des Ursins, de N. D. de Paris, conseiller clerc au parlement.

On lit dans les actes capitulaires : (*Reg.* 6) 15 décembre 1466. « Ledit jour M. Jean de Breuil,
« chanoine, archidiacre, conseiller du roi, a exposé
« qu'il avait la dévotion de faire édifier une cha-
« pelle dans l'église de Bourges et de la fonder, et
« demande qu'on lui adjoigne quelques chanoines
« pour l'aider dans tout ce qui est nécessaire pour
« la construction. Après avoir délibéré, messieurs
« ont ordonné qu'il prit l'emplacement qui lui con-
« viendrait. »

Jean mourut en décembre 1468. Le 29 janvier suivant, Martin de Breuil, frère de l'archidiacre défunt, dit que lui et les siens veulent fonder la chapelle construite par son frère, et demande une députation pour aviser aux moyens de la faire. Le chapitre désigne deux chanoines à cet effet.

Les vitraux ont été retouchés quelquefois, et dès le XVIe siècle en 1584, le verrinier est payé pour avoir travaillé de son état es-vîtres de la chapelle Saint-Jehan.

En 1668, on fait nettoyer un grand tableau dans la chapelle Saint-Jehan et autres peintures qui y sont (1).

6° CHAPELLE DE SAINT-BENOIT,

Autrefois des Trousseaux ou de Rheims.

Les voûtes et les nervures sont semblables aux précédentes. Aux quatre angles, des anges supportent les retombées; près de la clef, les amorces des nervures sont peintes aux armes des trousseaux qui sont (de gueule à la bordure engrêlée d'argent, à trois trousseaux d'or, deux et un, à la fasce d'azur engrêlée d'argent, chargée de trois fleurs de lys d'or).

La croisée dont les meneaux forment quatre panneaux à ogives trilobées, surmontés de trèfles, est terminée au sommet par une rose à trois lobes tréflés. Les vitraux de cette partie renferment trois écussons variés aux armes pontificales; les premières, les plus élevées, sont deux clefs d'argent en sautoir sur fond de gueule; les secondes, au-

---

(1) Sans doute les fresques dont on voit les traces.

dessous à gauche, sont un croissant d'argent renversé sur un fond de gueule, à droite de cinq points d'or équipolés à quatre d'azur. Ces écussons sont tous surmontés de clefs en sautoir avec tiare au-dessus. Dans les trèfles au-dessous sont les armes de Jean, duc de Berry. (Elles sont de France à la bordure engrêlée de gueule).

Dans le centre est saint Michel, sur fond bleu. Dans les quatre panneaux au-dessous sont, à droite, la Vierge assise, tenant l'enfant Jésus vêtu d'une tunique blanche à fleurs d'or ; derrière, et debout, sont saint Sébastien nimbé ; à côté un évêque mitré, crossé et bénissant, également nimbé. C'est sans doute saint Ursin.

Dans le panneau qui vient à la suite, on voit Pierre Trousseau et sa femme en grands costumes, à genoux et mains jointes. Saint Jacques, nimbé, est debout derrière ; il a tous ses attributs de pèlerin et présente les donateurs à la Vierge.

Dans le panneau suivant, P. Trousseau est représenté en costume de chanoine et à genoux, offrant le modèle en relief d'une chapelle. Il est accompagné et soutenu par un diacre nimbé, sans doute saint Etienne.

Le quatrième et dernier panneau renferme deux chevaliers à genoux, sur les manteaux desquels sont des trousseaux d'or, armes parlantes de la famille ; entre ces deux figures, également à genoux, est une femme. Ces personnages sont assistés d'une sainte martyre qui est debout et en arrière ; elle est nimbée, porte une couronne en tête, et dans la main gauche une palme.

Toutes ces figures sont surmontées de dais d'une architecture très-riche en style de la fin du XVe siècle.

L'autel et le confessionnal sont en menuiserie ; au-dessous de ce dernier, une petite croisée éclaire l'escalier montant au-dessus de la sacristie.

Au jambage de droite, en entrant, est une petite crédence en ogive trilobée, refouillée dans le mur. Au-dessus, une console supportant une Passion sculptée, avec cette inscription : « *Mater Christi ora pro nobis.* »

Cette chapelle a été fondée par Pierre Trousseau, chanoine et archidiacre de Saint-Etienne, archidiacre à Notre-Dame de Paris, maitre des requêtes, évêque de Poitiers, puis archevêque et duc de Rheims. Il y attacha 60 liv. de revenu annuel, dont l'amortissement fut accordé par charte de Jean, duc de Berry, du mois de janvier 1404, et qui devaient former la dotation de deux vicairies appelées depuis de Rheims, à la charge de célébrer un obit pour le fondateur et sa famille.

Les archives du département possèdent des actes nombreux, chartes, bulles, etc., relatifs à la construction et fondation de cette chapelle. Pendant le terrible incendie qui, en 1559, ravagea une partie de la cathédrale, elle fut atteinte, et il résulte du procès-verbal d'estimation des travaux à exécuter après cet événement, qu'il fallut refaire à neuf « la terrasse et les entablements »

7° CHAPELLE SAINT-URSIN,

Autrefois des Cœur, de l'Aubespine, de Châteauneuf.

(Parce qu'elle fut fondée par J. Cœur, et possédée après lui par les de l'Aubespine, seigneurs de Châteauneuf).

Cette chapelle est celle que nous avons indiquée dans la description de la façade latérale comme faisant une légère saillie sur les contreforts. Les nervures de la voûte sont plus riches qu'aux chapelles précédentes ; elles se réunissent à une clef pendante formée d'ogives et terminée par un cul-de-lampe figurant un ange; au sommet des ogives sont des disques renfermant les attributs des évangélistes. Ils sont sculptés et dorés sur un fond rouge ; dans quatre autres disques sont des anges musiciens ; celui à l'est tient un orgue, celui à l'ouest une flutte, au nord une viole et au sud une harpe. Les nervures sont peintes en rouge à filets d'or et la voûte d'azur ; les retombées des nervures sont supportées par des anges avec écussons dont les armoiries ont été effacées. L'ogive formant l'entrée de cette chapelle est ornée d'une riche arcature trilobée et pendante, avec bouquet à l'extrémité de chaque retombée.

Dans une partie, au-dessous de la croisée, est un retrait ménagé dans l'épaisseur du mur ; il est éclairé par une petite baie, formant ogive géminée et trilobée ; et voûté par douze petites voûtes d'arêtes en ogives; le mur du côté de la croisée est décoré d'une arcature surmontée d'une moulure formant corniche richement ornée.

La croisée est divisée en quatre panneaux ; les

meneaux de la partie haute forment une fleur de lys et deux cœurs ; la verrière renfermée dans la fleur de lys présente au sommet le Père Eternel bénissant, au-dessous le Saint-Esprit ; dans la partie inférieure sont les armes de France surmontées d'une riche couronne ; dans le cœur à gauche l'écu écartelé de France et d'un dauphin d'azur sur champ d'or, ayant pour supports deux anges ; dans celui de droite un écusson aux armes mi-parti de France et de Berry.

Les panneaux du bas représentent, savoir : les deux du milieu, l'Annonciation ; la Vierge est à droite debout tenant un livre ouvert, devant un vase avec fleurs de lys ; à gauche est l'ange Gabriel à genoux ; il a les ailes éployées, est vêtu d'une chappe à fond rouge et broderies d'or en feuilles de vigne ; sur l'orfrai sont des saints également brodés. Il tient des deux mains un philactère sur lequel est écrit en caractères gothiques : *Ave Maria gratia plena.*

Dans le panneau à droite de la Vierge est sainte Catherine, debout et nimbée ; elle tient une épée nue de la main gauche et une palme d'or de la droite ; à ses pieds se voit l'instrument de son supplice. Dans le panneau à gauche de l'ange Gabriel, on voit saint Jacques, patron du fondateur, en costume de pèlerin, tenant un livre ouvert de la main gauche et son bourdon de la droite. Toutes ces figures se détachent sur un fond d'architecture figurant un vaste portique à trois ouvertures ; les voûtes sont peintes d'azur à fleurs de lys d'or. La partie supérieure de cette décoration architecturale est ornée d'une arcature incrustée de marbre de diverses couleurs; les colonnes supportant les voûtes sont également en marbre. On voit Adam et Eve dans les retombées du milieu. Au-dessus de saint Jacques et de sainte Catherine sont des armoiries plus récentes que le reste du vitrail.

Sur l'autel en menuiserie est un tableau fort médiocre représentant saint Ursin avec cette inscription au-dessus : *Sanctus Ursinus*; et au-dessous cette autre : *Bituricus apostolus*; sur le mur en face est une autre toile représentant saint Sébastien recevant d'un ange la palme du martyr. Ce tableau est signé, *Garreau*, 1821.

Cette chapelle a été fondée par Jacques-Cœur, le célèbre argentier de Charles VII. L'acte capitulaire de sa fondation est dans le 3e registre des actes capitulaires de la cathédrale, f° 103, verso. Il est du lundi 14 juillet 1447.

Le seigneur argentier vint au chapitre et pria les chanoines de lui concéder l'ancien vestiaire de l'église pour y faire une chapelle et y faire construire une sépulture pour lui et sa postérité. — Messieurs du chapitre, considérant le bien que Jacques-Cœur avait fait à l'église, lui accordent sa pétition. Par une autre délibération du 6 novembre 1450, ils ordonnent la célébration d'une messe « *pro domino argentario.* » L'argentier était mort dans l'exil et ne put reposer dans le caveau qu'il avait destiné à sa sépulture. Son frère Nicolas, évêque de Luçon, seul de la famille y trouva son dernier asile.

Le chapitre célébra longtemps 12 obits solennels qu'il avait fondés pour le repos de son ame. Le fils de Jacques Cœur, Jean, archevêque, fut enseveli dans le chœur de l'église, et ses autres fils vendirent leurs droits sur la chapelle, avec le fief de la chaussée (hôtel de Jacques Cœur à Bourges), à Claude de l'Aubespine, baron de Châteauneuf, en 1552, et le caveau destiné à cette illustre sépulture reçut successivement Sébastien de l'Aubespine, chanoine de Bourges, évêque de Limoges, ambassadeur en Espagne ; Claude de l'Aubespine, secrétaire d'Etat ; autre Claude de l'Aubespine ; — Guillaume de l'Aubespine, né en 1547, baron de Châteauneuf ; — Marie de la Chastre, sa femme, et enfin Charles de l'Aubespine, leur fils.

Par son testament du 12 décembre 1578, daté de son abbaye de Massay, Sébastien de l'Aubespine donna 1200 écus d'or pour la chapelle, et 12 écus d'or de rente pour divers services dont une procession et station devant la chapelle, qui se faisait le 13 juin.

Par son testament du 23 septembre 1653, le chancelier de l'Aubespine ordonna que son corps fût porté à Bourges et mis avec ses père et mère en la chapelle de Saint Etienne de Bourges, et après plusieurs legs pieux, il ajoute : « Je donne au sieur « Mansart dix mille livres ; je le prie qu'il fasse les « effigies de mes père et mère et la mienne comme « nous en avons devisé, en marbre, ny trop somp- « tueux ny trop pauvre, et y soit employé jusqu'à « la somme de quinze ou vingt mille livres. » — Ce Mansart (François), né en 1598, mort en 1666, est l'architecte de la partie neuve du château de Blois ; il a commencé le Val-de-Grâce. — Les statues du tombeau qu'il avait fait exécuter, en vertu du testament du chancelier, sont celles dont nous avons parlé en faisant la description de l'église souterraine où elles sont aujourd'hui déposées. — On trouve encore dans la salle du chapitre l'inscription qu'avait composée Balthasard (1).

8° CHAPELLE DE SAINTE-CROIX.

Elle est appelée vulgo Destamps (Acte de 1771).
— *Saint-Nicolas de Lancy dans une ancienne liste des Vicaires. — De Saint-Yves.*

Cette chapelle forme la première des cinq qui appartiennent à la construction primitive du rondpoint. Ainsi que nous l'avons déjà dit, elles sont toutes construites en saillie, supportées au-dehors des murs circulaires de l'apside par un contrefort.

En donnant la description détaillée de la décoration architecturale d'une de ces chapelles, nous serons dispensé de la faire pour les quatre autres. Les trois croisées qui éclairent chacune de ces chapelles sont en ogive lancéolée, entourées d'un boudin qui repose à la partie inférieure sur des bases; la voûté est formée de six pénétrations, séparées par des nervures à boudins avec gorge, se réunissant à une clef formant pétale de fleur graminée. Ces nervures reposent sur des chapiteaux à crochets, portés par des colonnes engagées.

(1) Voir Lathaumassière.

Les bases de ces colonnes ont été pour la plupart victimes du marteau, sous lequel elles ont disparu pour faciliter les diverses transformations subies par ces chapelles. Quant aux vitraux de cette chapelle, comme pour ceux qui sont dans les autres du rond-point, appartenant pour la plus grande partie au XIIIe siècle, nous renvoyons pour leur description à celle que nous donnons de toutes les verrières de cette époque. Il existe encore dans cette chapelle un autel en menuiserie, dont le style et l'effet ne sauraient faire excuser les mutilations que son placement a fait subir à la décoration architecturale et notamment aux colonnes engagées. Une petite crédence est pratiquée dans le panneau de droite. Un tableau représentant une Descente de Croix fait regretter la vue d'une partie de la verrière, qu'on a enlevée pour le placer au-dessus de l'autel.

Là se tenait la confrérie des officiers, avocats et procureurs de l'officialité du chapitre.

9° CHAPELLE DE LA CONCEPTION DE LA VIERGE,

Aussi nommée de Saint-Cosme (Acte de procédure de 1566).

Elle vient à la suite de celle précédemment décrite. Un tableau placé sur l'autel en menuiserie vient encore ici masquer la partie inférieure de la verrière centrale. Cela est fâcheux sans doute ; mais du moins l'œuvre est signée : *Joannes Boucher Bitur. invenit et fecit*, 1610 ; et c'est une circonstance atténuante. Ce tableau représente la naissance du Christ. On y retrouve les qualités qui distinguent l'artiste de Bourges dont nous avons eu déjà occasion de parler. Elles brillent surtout par la finesse du coloris et la fermeté du dessin. Une crédence moderne a été refouillée au-dessous de la baie à gauche.

Après la mort du cardinal Frédéric-Jérôme de Roye de Larochefoucault, archevêque de Bourges, le chapitre décida, par une délibération du 18 mars 1771, que la chapelle de la Conception serait décorée comme celle de tous les saints, et que l'épitaphe de M. de Larochefoucault y serait placée. Elle coûta 518 livres ; la grille en fer, détruite à la Révolution, 520 ; M. de Morogues donna 1200 livres pour la décoration. Un médaillon de marbre, représentant le prélat, fut exécuté et placé aux frais de l'abbé P. Ant. Romelot, alors chancelier de l'église. Le médaillon existe encore, placé sur le mur occidental de la chapelle. L'inscription latine sur marbre noir est attachée après le pied droit du même côté.

10e CHAPELLE DE LA VIERGE,

Anciennement chapelle au duc de la Châtre, du Chevet.

Cette chapelle occupe le point central de l'apside. L'architecture des voûtes est semblable à celle des autres chapelles apsidales. A la clef sont fixées les armes de Mgr F. M. Célestin du Pont, patriarche primat des Aquitaines, archevêque de Bourges, cardinal de Santa-Maria del populo, qui a contribué à la réparation de la chapelle. Les meneaux des fenêtres ont été remplacés à la fin du XVe siècle par des moulures formant les divisions flamboyantes qui caractérisent cette époque. Les vitraux sont du XVIe siècle ; mais quoiqu'assez récents d'exécution, ils sont loin d'être dans un état satisfaisant de conservation ; plusieurs panneaux manquent totalement et ont été remplacés par du verre blanc ; d'autres ont été changés de place. En voici la description : la première verrière à gauche représente en trois panneaux étagés : dans le haut, la présentation au temple ; dans le dernier du bas, saint Joseph invoquant l'ange Gabriel.

Dans la verrière centrale, l'Assomption de la Vierge, et dans celui de droite, dans la partie supérieure, l'Annonciation ; au-dessous l'adoration des Mages ; enfin dans la partie basse la fuite en Egypte. Dans leur état neuf et complet, ces vitraux devaient, sauf l'anachronisme de leur style, produire un bon effet. Ils sont d'une bonne exécution

Cette chapelle vient d'être restaurée à grands frais sur les dessins et sous la direction de M. Dumoutet, statuaire de Bourges, à l'instar des décorations de l'église Saint-Denis et de la Sainte-Chapelle de Paris, sous l'influence desquelles semble s'être laissé entraîner l'artiste dirigeant ; l'or et la couleur ont été prodigués de la base des colonnes à la clef des voûtes.

L'autel isolé du mur est en pierre, le bas relief qui en forme le devant représente la mort de la Vierge ; la composition est religieusement conçue et l'exécution finement travaillée. Un tabernacle en marbre blanc surmonte l'autel. Derrière est un piédestal supportant la statue en marbre de Notre-Dame-la-Blanche, qui provient de la Sainte-Chapelle du duc Jean. La restauration de cette figure fait autant d'honneur à la science de l'antiquaire qu'au ciseau du statuaire; la tête et les mains de la Vierge et de l'enfant Jésus manquaient ; aujourd'hui la restitution de ces parties est faite de la manière la plus heureuse. A droite et à gauche, sur deux colonnes hexagones surmontées d'un chapiteau, sont saint Joseph et saint Jean. Ces figures en pierre manquent un peu de légèreté.

Un peu en dehors et en avant de cette chapelle, on a placé à droite et à gauche les statues du duc Jean et de sa femme. Elles accompagnaient autrefois dans la Sainte Chapelle la statue de Notre-Dame-la-Blanche, et c'est le motif qui paraît avoir déterminé leur placement ici. L'une et l'autre sont figurées à genoux, dans l'attitude du recueillement et de la prière. Un pric-dieu avec un livre ouvert est au-devant ; ils sont couronnés et revêtus du riche costume ducal.

Ces statues, qui sont en pierre, ont été également restaurées avec beaucoup de soin et d'intelligence ; elles sont peintes et rehaussées d'or. Une grille en fonte, dorée en partie, dont les extrémités à droite et à gauche s'appuient à une balustrade en pierre découpée à jour, complète la restauration de cette chapelle. L'effet général, il faut le reconnaître, n'est pas sans charme, bien que l'examen des détails laisse à désirer sous le rapport de l'unité de style et du choix des ornements. Quoi qu'il en soit, cet essai de ce qu'on peut faire en décoration religieuse est satisfaisant ; il doit encourager à persévérer dans cette voie, qui ne peut que se perfectionner avec le temps et les études archéologiques qui forment aujourd'hui les artistes et les ouvriers.

Cette chapelle, appelée du Chevet à cause de sa position, fut dite aussi *au duc*, parce qu'en 1367, le duc Jean de Berry y avait fondé pour chaque jour, à perpétuité, une messe à dire à l'aurore, à l'autel « de la bienheureuse Marie, derrière l'autel de saint « Guillaume, pour le salut de l'ame de ses ancêtres, « de la sienne, de celle de sa femme et la postérité « de ses descendants ; » il donnait pour cela 120 livres de rente annuelle sur sa terre de Mehun. Cette fondation était faite par lettres-patentes données à Bourges en septembre 1367. — Au mois d'octobre de la même année, le duc donna au chapitre la terre et justice de Groise et supprima la rente sur Mehun ; donation confirmée par lettres de Charles V, du mois de mai 1370. Cette messe, qui réunissait toujours un grand concours de fidèles, fut conservée sous le nom de Messe au Duc, jusqu'à la fin de 1793.

L'obit solennel du duc se célébrait le 24 janvier.

11° CHAPELLE SAINTE-CATHERINE,

Anciennement de Saint-Étienne, de Saint-Roch, de tous les Saints,

(Y était attachée la Vicairie de Saint-Étienne ou des Gitons, ainsi nommée dans un acte de 1614).

Placée la première à droite de la chapelle de la Vierge, ce qu'elle a de plus remarquable sont ses trois verrières du XIIIe siècle qu'un auteur a qualifiées de barbares; pour nous, nous serions bien plus disposé à appliquer cette dénomination aux siècles qui ont si longtemps négligé et laissé détériorer ces chefs-d'œuvre de l'art, que la piété et la foi de nos pères avaient placés si haut dans la perfection, que, malgré tous les efforts tentés depuis pour les atteindre, à peine est-on parvenu à les imiter.

Un acte capitulaire de 1754 avait concédé cette chapelle à M. Romelot, oncle de l'historien de la cathédrale, à la charge de la faire décorer et renfermer d'une grille de fer. Il ne reste de cette décoration que l'autel en bois.

Depuis peu les belles verrières qui ornent cette chapelle ont été habilement restaurées par M. Thevenot, artiste de Clermont. Nous y reviendrons plus tard.

A droite sur le pied droit est une table de marbre noire, entouré d'un ornement gravé en creux et doré; dans la partie haute les armes de La Chatre avec le cordon de Saint-Michel; au dessous on lit 'inscription suivante :

HAULT ET PUISSANT SEIGNEUR MESSIRE
GABRIEL DE LACHASTRE SIEUR DE NAUÇAY
BESSIGNY SAUDRAY ET SIGONNEAU, BARON DE
LA MAISON FORT, CONSEILLER DU ROY EN SON
CONSEIL D'ESTAT, TROISIÈME DE SA MAISON,
CAPPITAINE DE L'ANTIENNE GARDE FRANÇOISE
DU CORPS DE SA MAJESTÉ, PRÉVOST DE
L'ORDRE SAINCT MICHEL, MAISTRE DES
CÉRÉMONYES DE FRANCE, CHAMBELLAN
ET MAISTRE D'HOSTEL ORDINAIRE DU ROY,
CAPPITAINE DE LA GROSSE TOUR DE BOURGES
ET DES CHASTEAUX DE MEHUN-SUR-YÈVRE,
ET ROMORANTIN, L'UNG DES GOUVERNEURS
DE MESSIEURS LES ENFANTS DU ROY FRANÇOYS
PREMIER, LEQUEL MESSIRE GABRIEL A SERVY
QUATRE ROYS, SAVOIR : LOUYS XI, CHARLES VIII, LOUYS
XII : FRANÇOYS PREMIER, ET HENRY SEGOND.
ET TREPASSA LE MARDY NEUFVIESME
JOUR DE MARS, L'AN 1558.

A gauche en face une autre table de mêmes marbre et dimension ; dans la partie haute les armes.

L'inscription suivante, gravée au-dessous, est entourée d'un filet doré qui rattache aux quatre coins les attributs des évangélistes, inscrits dans des médaillons nimbés. Voici l'inscription :

HAULT ET PUISSANT SEIGNEUR
MESSIRE CLAUDE DE LA CHASTRE, BARON DE
LA MAISONFORT, SAUDRAY, NOVAU LE FUZELLIER
LAFERTHÉ, CHEVALIER DE L'ORDRE DU ROY
CAPPITAINE DE CENTHOMMES D'ARMES DE
SES ORDONNANCES, BAILLY ET GOUVERNEUR
DE BERRY, GOUVERNEUR ET LIEUTENANT GÉNÉRAL

POUR SA MAJESTÉ DE LA VILLE D'ORLÉANS, CAPPITAINE
DE LA GROSSE TOUR DE BOURGES, CONSEILLER
DU ROY EN SES CONSEILS D'ESTAT ET PRIVÉ ET
MARESCHAL DE FRANCE, LEQUEL A SERVY
SIX ROYS ASS^aVOIR HENRY SECOND AUX GUERRES
DE PIÉDMONT ET D'ITALLYE, FRANÇOIS SECOND,
CHARLES NEUFVIESME, HENRY TROISIÈME,
HENRY LE GRAND QUATRIÈME ET LOYS
TREISIÈME A PRÉSENT REIGNANT ET A FAICT
FAIRE CESTE ÉPITAPHE EN L'ANNÉE PRÉSENTE
1611.

12° CHAPELLE DE SAINT-FRANÇOIS,

Autrefois de Notre-Dame-la-Blanche, de Sully, de Notre-Dame-des-Blancs-Manteaux, des Labbe.

Les voûtes et nervures sont semblables à celles des autres chapelles apsidales ; à la clef est sculptée une tête du Christ, nimbée et coloriée

L'autel en menuiserie est surmonté d'un tableau représentant saint François de Sales, tableau qui joint à l'absence complète d'aucun mérite le plus grave inconvénient de cacher le tiers d'un beau vitrail du XIIIe siècle.

Un compte de l'an 1534 mentionne le nettoyage des peintures de cette chapelle et la réparation d'un panneau.

« En 1755, un peintre reçoit 1 l. 16 s. pour avoir travaillé à un tableau de la chapelle de M. Labbe.

C'est à cet autel que les vicaires du Blanc Manteau accomplissaient les fondations dont ils étaient chargés en vertu d'une donation d'Eudes de Sully, évêque de Paris C'est en 1649 que la famille Labbe y fonda une messe tous les jours pour sa famille, et un obit solennel, moyennant une somme de 1200 [1].

13° CHAPELLE SAINTE-SOLANGE,

Autrefois de Saint-Thibault, — de l'Archevêché.

La voûte est composée d'un berceau d'arête avec nervures à boudins, dont les deux retombées au sud sont supportées par des anges portant l'écusson à la clef en quatre feuilles trilobées, renfermant les armes du Berry. L'arc d'entrée est ouvert de toute la largeur de l'ogive extérieure ; les trois boudins qui décorent les arcs sont séparés par une gorge ornée de perles. Bien que cette disposition affecte le style roman, on doit croire qu'elle ne remonte qu'à la date de la fondation de la chapelle, au XV° siècle, et que les chapiteaux qui se remarquent aux deux cotés sont ou copiés ou rapportés. Nous penchons plutôt pour cette dernière opinion. Celui de gauche est historié d'animaux fantastiques ; celui de droite est avec feuilles et crochets. Les colonnes sont sans bases.

La fenêtre est divisée par deux meneaux en trois ogives trilobées ; au-dessus les compartiments, forment quatre feuilles allongés. Toutes ces moulures appartiennent au XV° siècle.

Les vitraux de cette baie sont généralement en mauvais état ; ils représentent, pour la partie haute, dans le premier quatre-feuilles, un écusson armoirié (d'un soleil d'or sur fond d'azur au-dessus de deux clefs d'argent en sautoir sur fond de gueule). Une tiare surmonte le tout. A gauche au dessous, les armes de France sans couronne ; à droite, à côté, celles de Berry. Toutes ces armes sont soutenues par des anges.

Au-dessous, des panneaux à droite et à gauche en verre blanc remplacent les anciens sujets, avec bordures composées de divers débris. Le panneau du milieu est formé de fragments de toutes provenances arrangés sans ordre. Il ne reste des anciens panneaux que le sommet des dais qui se voient encore dans les lobes des ogives.

Au-dessus de l'autel qui est en bois, un tableau représente sainte Solange, patronne du Berry, priant au pied de la croix ; en haut est cette inscription : *Sancta Solangia Biturigum patrona*. Signé : *F. Parmentier, invenit à Issoudun* 1803. Cette œuvre est sans aucun mérite.

Sur le mur en face est une copie sans nom d'auteur, de la Vierge aux fleurs de Raphaël.

Un lambris en boiserie montant à la hauteur d'appui de la croisée, règne au pourtour des murs ; peint en gris et doré, il conviendrait mieux par son style à la décoration d'un boudoir qu'à celle d'une chapelle Un confessionnal semblable aux plus ridicules que nous avons déjà cités ajoute encore au mauvais goût qui distingue le mobilier de cette chapelle.

Au-dessous de la croisée est une pitié en relief du XVIe siècle, peinte et dorée avec cette inscription : *Consolatrix afflictorum*; à gauche de la croisée, portée sur une console, est une statuette de saint Pierre; à droite est celle de saint Paul.

Dans l'angle à droite, au fond, est une porte qui communique à l'escalier de saint Guillaume, dont nous avons déjà parlé dans la description de la façade latérale; au dessus de cette porte est une console dorée, en style du XVIIIe siècle. Elle porte la statuette de saint Denis après sa décolation.

L'entretien et les réparations de cette chapelle étaient, avant la révolution, à la charge des archevêques qui en disposaient.

14° CHAPELLE SAINT-NICOLAS,

Autrefois de Sainte-Catherine.

La voûte est à nervures prismatiques de la fin du XVe siècle; près de la clef sont des amorces (fleurdelysées d'or sur champ d'azur, engrêlées de gueule); les nervures, soutenues par des anges accroupis, portent des écussons sur lesquels sont : à gauche les armes du fondateur, à droite celles de France. Sous le badigeon on aperçoit la trace des peintures et des armoiries qui décoraient entièrement les murailles.

La fenêtre, dont les meneaux forment quatre panneaux par le bas et des quatre feuilles par le haut, est en gothique du XVe siècle.

Le vitrail représente, le Christ bénissant au sommet; au centre des deux quatre-feuilles, des saints en adoration avec quatre anges autour ; plus bas, la Résurrection universelle ; plusieurs de ceux qui sortent des tombeaux portent la légende : *Miserere nostri* ; dans le trèfle à gauche, les armes du Berry; dans celui à droite, celles mi-partie du Berry et de France.

Au-dessous, dans le premier panneau à droite, on voit sainte Catherine accompagnée de religieuses; dans le panneau, à la suite saint Nicolas mitré, crossé et nimbé ; puis une autre sainte Catherine, vierge et martyre, portant sa roue de la main gauche et une épée de la droite; enfin le quatrième panneau représente saint Simon avec un nimbe rayonnant ; il porte barbe et capuchon, et tient un livre fermé de la main gauche et une lance de la droite ; il assiste et présente trois personnages à genoux, portant le costume de chanoine. De la main du premier de ces personnages, il sort un philactère sur lequel est écrit en gothique : *Miserere nostri* ; au-dessous, dans le bas du panneau, des armes qui sont (trois cigognes d'argent, deux et une, pattées de gueule, au fond d'azur); toutes ces scènes sont surmontées de riches dais, sur des fonds de couleur formant draperies de dessins variés.

L'autel en bois est surmonté d'un tableau fort endommagé, représentant saint Nicolas bénissant ; en face, au-dessus d'un mauvais confessionnal, une autre toile représentant l'Adoration des Bergers.

A droite de l'autel, au-dessous du vitrail, une piscine refouillée dans le mur ; elle est décorée d'une arcature et de deux pinacles.

Au mois de mai 1226, Robert de Bomiez, croisé, voulant assurer le salut de son ame et de celles de ses parents, établit deux vicairies dans l'église de Bourges Il donna pour cela dix boisseaux de blé, à la grande mesure de Moudun, par tiers froment, orge et avoine, et 24 mesures de vins. Le tout assigné sur ses domaines de la paroisse de Saint-Georges. Ces deux vicairies étaient placées sous l'invocation de sainte Catherine.

En 1414, Simon Aligret, médecin du duc Jean, prévôt de Normandie, *in ecclesia Carnotense*, chancelier de l'église de Bourges, trésorier de Saint-Hilaire de Poitiers, augmenta la dotation de ces vicairies de 60^l de rente annuelle, pour le salut du roi, de la reine, du duc Jean, le sien propre et celui de ses parents.

Simon Aligret mourut à Rouen le 18 octobre 1415. Son corps fut rapporté à Bourges et déposé dans le caveau de la chapelle, où se voit encore sa dalle funéraire, mais fort effacée. Il y est représenté couché sous un dais ; autour est une inscription qui faisait connaître ses noms et qualités ; on peut encore y lire ces mots :

CHAN E TSOR DE S. HYLAIRE LE GRAT
DE POICTR......

On voit encore le millésime de 1415.

Ce qui reste du dessin et de la gravure de cette pierre fait vivement regretter qu'elle n'ait pu être préservée ; car son travail est riche et d'un bon style.

15° CHAPELLE DES TULLIER,

Autrefois de Sainte-Barbe.

Les voûtes et les nervures sont semblables à celles des précédentes chapelles ; à la clef sont les armes de France ; les retombées des nervures sont supportées par des anges et deux consoles. Le flamboyant de la verrière est occupé par le Christ bénissant et tenant en main le globe du monde. Au dessous sont des chœurs d'anges groupés, jouant de divers instruments et chantant d'après du plein-chant noté.

Au-dessous, dans les grands panneaux, le premier à gauche près de l'autel représente la Vierge assise, tenant l'enfant Jésus ; saint Jean-Baptiste est à côté. Dans le second, saint Pierre, debout, présente à la Vierge Pierre Tullier et sa femme ; ils sont à genoux, ce sont les père et mère du donateur. Dans le troisième est figuré saint Jean, tenant une palme ; il assiste trois personnages agenouillés qui sont le donateur, ses deux frères vêtus d'habits sacerdotaux. Enfin, dans le quatrième panneau, on remarque saint Jacques assistant et présentant à la Vierge quatre autres membres de la même famille, ainsi que l'indiquent les inscriptions et les armoiries qu'on y voit : à droite les armes de France, à gauche celles du cardinal François de Tournon, archevêque de Bourges. Ces dernières sont (parti d'azur semé de fleurs de lys d'or, et parti de gueule au lion d'or). Toutes les scènes se détachent sur un fond d'architecture renaissance très-riche. On y trouve la date de 1531, ce qui fait attribuer ces verrières à Jean

Lequier, ou Lécuyer, célèbre peintre-verrier né à Bourges et mort en 1556 ; mais cette opinion, émise par Lathaumassière, n'est appuyée par aucune preuve que nous ayons pu nous procurer. Toutes les têtes sont traitées et étudiées avec une grande vérité d'expression. Il y a encore dans cette chapelle un autel en bois avec un tableau dessus représentant saint Pierre en prière, les lambris sont peints en gris et dorés.

L'acte capitulaire qui fit concession de cet emplacement au doyen Pierre Tullier pour y construire la chapelle, est du 21 août 1531. Il porte : « Il est
« autorisé à construire une chapelle entre celle de
« Sainte-Catherine et la porte par où l'évêque vient
« dans l'église et en sort pour sa maison ; il dépose
« une somme suffisante pour l'achèvement, dans le
« cas où il décèderait avant. »

16° CHAPELLE DU SACRÉ-CŒUR OU DE LA PAROISSE,

Autrefois de Saint-André, — *d'Étampes*, et par corruption de *Temple* (Acte de 1657).—*Cardinale.*

Cette chapelle, qui est à droite du portail latéral du sud, a été élevée au XVe siècle. Elle a la forme d'une apside à trois pans ; l'arcade ogivale qui lui sert d'entrée a toute la largeur permise entre les contreforts.

Les riches vitraux qui la décoraient autrefois ont été détruits ; ils sont maintenant, pour la plus grande partie, remplacés par du verre blanc, notamment par le haut; ils présentent par le bas les armes du Berry supportées par des anges. On voit encore les dais surmontés de pignons en style du XVe siècle qui les décoraient. A gauche, dans le mur, est une crédence trilobée.

Dans le moment où nous écrivons ces lignes, on restaure cette chapelle. Des renseignements que nous nous sommes procurés, il résulte que l'autel en bois sera remplacé par un autel en pierre et à colonnes. Un retable en pierre, dont le sujet sculpté en bas-relief sera le Sacré-Cœur de Jésus, s'élèvera sur l'autel; les vitraux seront restaurés; une boiserie en chêne garnira les murs dans la hauteur de deux mètres; enfin des peintures et dorures, dans le style du XVe siècle, compléteront cette restauration, dont la direction est confiée à M. Dumoutet, artiste, au talent duquel nous avons eu déjà occasion de rendre un hommage justement mérité.

Sous cette chapelle, il existe un caveau en partie comblé de décombres.

La chapelle a été construite dans la première partie du XVe siècle par la famille d'Etampes.

Il semble résulter d'un acte capitulaire d'avril 1428, que la fondation serait de cette année. Les d'Etampes, reconnaissants des bienfaits du duc de Berry, avaient placé son image dans un des vitraux et dans un tableau (1).

On y célébrait la messe cardinale, fondée par le cardinal-archevêque Boyer.

(1) Lathaumassière.

17° CHAPELLE DE LA TRINITÉ,

Autrefois des Leroy, — des Bastard.

La voûte est à doubles nervures. A la clef, Dieu le père est représenté vêtu en patriarche avec une couronne impériale, tenant le globe terrestre de la main gauche, et bénissant de la droite. Cette figure, qui est peinte et dorée, appartient, ainsi que tout le reste de la décoration de cette chapelle, au style flamboyant du XVe siècle. Les nervures des voûtes, qui sont avec filets rouges, reposent sur des anges formant consoles et portant des écussons aux armes des familles des Leroy et des Bastard. Elles étaient, pour les premières (de sable à neuf trèfles d'or); pour les de Bastard (parti d'or à un aigle impérial de gueule, et d'azur à une demi fleur de lys d'or). Un des écussons est celui de la branche qui existe encore.

Un autre, placé à un des angles, est de même que ce dernier avec (la bordure engrêlée de gueule), qui est des Bastard, vicomte de Fussy.

La croisée est divisée en quatre parties avec riches compartiments dans le haut. Les peintures des vitraux représentent, au sommet, la Vierge debout, vêtue du manteau céleste dans une gloire d'or.

Au-dessous, des chœurs d'anges tenant des banderoles sur lesquelles est noté du plein chant. A gauche, le donateur à genoux ; à droite, sa femme dans la même position. Ils sont chacun assistés d'un ange gardien.

Les quatres grands panneaux au dessous sont composés de groupes formés de trois personnages nimbés, en costume très-riche du XVe siècle; mais il est difficile, dans l'état où se trouvent ces vitraux, de dire quels peuvent en être les sujets. Il est permis de supposer qu'ils représentent des membres des familles Leroy et de Bastard. Il faut observer cependant que les têtes ne portent pas ce cachet de vérité qu'on remarque aux portraits faits d'après nature.

Sur l'autel qui est en bois, un tableau représente sainte Jeanne de France, fille de Louis XI et fondatrice de l'ordre de l'Annonciade. Elle porte la couronne et le manteau royal fleurdelisé. Jésus, sous la figure d'un enfant, portant les instruments de sa Passion, lui met une bague au doigt.

On lit au bas du tableau :

INVENIT ET FECIT JOANNES PARMENTIER
EXOLDUNO AN. D D. M. D. CCC. VI.

C'est encore une de ces œuvres qu'on voudrait ne pas rencontrer dans la cathédrale.

Un acte capitulaire du 5 novembre 1472 dit :
« Jean Leroy, citoyen de Bourges, vient au chapitre
« demander qu'il plaise lui donner une place et un
« lieu dans l'église, pour bâtir une chapelle en
« icelle; et lui accorder d'y être enterré après son
« décès et ceux de ses parents portant ses noms et
« armes. » — Il y a été enterré ainsi qu'Antoine Leroy, son neveu, et Gouge de Charpeigne.

18° CHAPELLE DES COPINS,

Anciennement de Saint-Étienne, de Saint-Laurent, de Saint-Papoul, de Sainte-Colombe.

Elle se trouve la dernière de toutes celles que nous avions à décrire ; sa voûte est à triple nervures, ornée de cinq clefs ; celle du milieu présente sur un écusson supporté par deux anges les instruments de la Passion ; la retombée des nervures est supportée par les attributs des Evangélistes portant des philactères. — A la fenêtre la partie flamboyante de l'ogive est découpée en trois fleurs de lys : dans celle du milieu on voit la croix et la sainte face du Christ, au pourtour sont les instruments de la Passion, à gauche la lance et le roseau à l'éponge, à droite une colonne surmontée d'un coq. Dans la partie supérieure des quatre panneaux du bas, sont représentées quatre scènes de la vie et du martyre de saint Etienne, au dessous la vie et le martyre de saint Laurent. Elles se détachent sur un fond de paysage et d'architecture figurant des monuments de style roman, aux frontispices desquels est écrit : *sancti Stephani* et *sancti Laurenti*.

Cette verrière est aussi curieuse par la richesse de la composition et la finesse du dessin, que par son exécution.

Au-dessous est placé l'autel, non orienté. Il est en marbre blanc et de flandre ; à droite et à gauche sont des crédences formant piscines avec riches dais au-dessus, sculptés dans le style de la belle époque du XVI° siècle.

Sur le mur à l'orient est une statue en carton-pierre portée sur une console; elle représente saint Joseph; au-dessus un dais très riche; enfin plus haut encore une autre console avec cette inscription en lettres gothiques: *P. Copin*, au-dessus de laquelle les armes qui sont (de sable à un arbre de pin d'or, au chef cousu de gueule, chargé de trois croix de sable). Cette console supporte un ange sonnant de la trompette.

Plus bas, à droite et à gauche de la statue de saint Joseph sont les versets suivants inscrits dans des cartouches carrés et quadrilobés. A gauche :

SANCTA ET SALUBRIS
EST COGITATIO
PRO DEFUNCTIS E
(II MAC. XII. 46).

A droite :

MISERERE MEI
MISERERE MEI
QUIA MANUS DOMINI FELIGIT ME
(JOB. XIX. 21).

Sur le mur en face, à l'ouest, une statue en carton-pierre de Notre-Dame des Sept-Douleurs; elle est surmontée d'un dais semblable à celui précédemment décrit en face. A la droite, cette inscription :

MORIATUR
ANIMA MEA MORTE
JUSTORUM.
(MEM. XXIII. 10).

A gauche celle-ci :

BEATI MORTUI
QUI IN DOMINO
MORIUNTUR
(APO. XIV. 13).

Au-dessus du dais une console avec la date de 1845 et le monogramme de la Vierge sur écusson noir. Cette console porte un autre ange du jugement dernier, semblable à celui déjà décrit. Ces deux statuettes sont dues au ciseau de M Dumoutet. Nous regrettons qu'elles soient trop haut placées et si mal accompagnées ; car elles ne sont pas sans mérite.

L'ogive d'entrée, ouverte de toute la largeur entre les contreforts, est ornée de moulures refouillées ; dans une gorge profonde, sont des animaux et personnages fantastiques grimpants. Il est probable que dans l'origine ils étaient accompagnés de feuillages ainsi que le comporte l'ornementation de la fin du XVe siècle.

En résumé, malgré la décoration prétentieuse de cette chapelle, l'effet qu'elle produit est loin d'être satisfaisant, et nous ne conseillons pas de la prendre pour modèle.

Cette chapelle a été fondée en 1495 par Pierre Copin, chanoine de la Sainte-Chapelle, sous chantre et chanoine de la cathédrale, qui la mit sous l'invocation de saint Papoul. Par acte de volonté de l'an 1506 il y fit la fondation d'une messe par semaine, ainsi que le constate une inscription. Il fut enterré dans le caveau qui existe encore.

CHAPITRE VI.

DESCRIPTION

DES TOURS, DU GRAND MUR PIGNON, DE LA
CHARPENTE, DE LA COUVERTURE ET DU
PETIT CLOCHER.

Avant de passer à l'examen des autres détails, occupons-nous d'une des parties des plus importantes comme des plus intéressantes du monument. Nous n'avons encore parlé des tours que pour indiquer leur physionomie extérieure ; il est temps de les connaître intérieurement. Il paraît que ni l'une ni l'autre n'étaient encore terminées lorsqu'elles éprouvèrent les accidents que nous raconterons lorsque nous les aurons décrites. Commençons par la plus vénérable en âge, celle située au sud : on la nomme *Vieille Tour* ou *Tour Sourde*. Les arcs de son rez de chaussée, murés par des massifs faits après coup, forment de cette partie une sorte de salle qui était autrefois dégagée et appartenait aux basses nefs. Il n'y a pas d'escaliers pour communiquer à l'étage au-dessus : il faut, pour y accéder, se servir soit de celui de la tour neuve en passant par les galeries extérieures, soit de celui qui est renfermé dans le pilier butant.

Le premier étage est composé d'une salle voûtée en arêtes. De cet étage un escalier à vis, placé dans l'angle sud-est, dessert tous les étages supérieurs. Le deuxième se compose d'une salle également voûtée, dont les nervures reposent sur des figures fantastiques. Au-dessus est le beffroi en charpente qui recevait autrefois la sonnerie disposée pour installer douze cloches. Les quatre faces de cet étage sont semblables et percées chacune d'une arcade ogivale géminée. L'escalier sort au-dessus du toit et se termine en lanternon octogone, couvert en calotte; à chaque étage il existe des portes et passages communiquant avec les galeries extérieures qui règnent sur la façade principale. Cette tour fut plusieurs fois frappée par la foudre, d'abord en 1497 le 25 août, puis le 31 mai 1726 Ces circonstances, ainsi que la chute de la tour du nord, arrivée le 31 décembre 1506, contribuèrent à l'ébranler, et provoquèrent à diverses époques les mesures de précaution qui se remarquent en plusieurs endroits, telles sont : les remplissages en maçonnerie sous les arcs qui font partie des basses nefs ; aux premier et deuxième étages, des remplissages et des bouchements de baies; au-dehors, le remplissage entre les contreforts du sud; enfin, du même côté, la construction du pilier butant; car, bien que la tour

n'ait pas perdu son aplomb, il est évident que ce puissant accotement n'a été élevé que pour la maintenir ; il serait impossible de lui assigner une autre destination en présence des précautions que nous venons de signaler. Mais un acte capitulaire du 4 août 1440 dit : « Il est ordonné aux bastonniers d'empê-
« cher les concubines, s'ils les rencontrent dans le
« cloître, d'entrer chez leurs maîtres ; et si elles ré-
« sistent, de les conduire « *in pilari* » D'où l'on peut conclure que dès 1440 le pilier butant existait déjà, et qu'il renfermait comme aujourd'hui les prisons du chapitre. En 1554, on trouve encore dans les actes capitulaires déjà cités : « Ordonne au maî-
« tre de l'œuvre de faire fermer de pierres la ma-
« jeure partie de la fenêtre près l'ancienne tour. »

Dans le procès-verbal de Bohier, 4 août 1556, on lit : « Quant à la charpenterie de la Tour Vieille,
« serait besoin de la refaire tout à neuf, et qu'elle ne
« soit point assemblée dedans le beffroi qui porte les
« cloches, à cause que toute la démolition en est
« venue du branlement des cloches. » Dans le même procès-verbal on trouve encore : « Et de rechef avons
« visité la Tour Vieille, et l'avons trouvée en plu-
« sieurs lieux fort gastée, et est fendue en partie vers
« l'église, et ces fentes sont ouvertes bien de trois
« pouces, dont il en pourra venir inconvénient quel-
« ques jours advenir, et pour la faire semblable à
« la neuve pourra bien coûter 60,000 livres. »

Ainsi on le voit, longtemps avant son achèvement, dès le commencement du XVe siècle, cette tour s'écrasait déjà sur elle-même et menaçait ruine.

Si des documents précis nous manquent sur les causes et la date des premiers effets qui se sont manifestés aux deux tours, nous sommes mieux renseignés sur la catastrophe même qui amena la chute de celle du nord, dont voici la description :

L'escalier qui la dessert dans toute sa hauteur a son entrée dans le collatéral nord par une porte lourdement ornée de moulures refouillées, surmontées de pinacles encadrant une riche arcature, et terminée par une corniche.

Il est à vis, renfermé dans la tourelle hexagone que nous avons décrite, et se compose de trois cent quatre-vingt-seize marches. Une main coulante est prise à même le noyau. Cette tour, comme la vieille, renferme deux salles voûtées qui ne présentent rien de remarquable ; mais l'étage supérieur, beaucoup plus élevé, est également formé sur chacune de ses quatre faces d'une arcade géminée à plein cintre. Cet étage renferme le beffroi en charpente et les cloches. L'escalier se termine au sommet par un lanternon en pierre. De la plate-forme, la vue embrasse un immense horizon ; le panorama de la ville dessine les diverses enceintes qui l'ont enfermée, soit sous la domination romaine, soit au moyen-âge. C'est un magnifique spectacle qu'on ne peut se lasser d'admirer et qu'on ne quitte qu'à regret.

La construction primitive de cette tour avait été longtemps suspendue. L'archevêque Guillaume de Cambray (de 1492 à 1505) issu d'une famille de Bourges, consacra des sommes considérables à son achèvement ; mais pendant qu'il en poussait les travaux avec activité, on reconnut en 1504 que les fondations cédaient et menaçaient d'entraîner la chute de l'édifice. Aussitôt le chapitre appela de l'Albigeois, de Lyon, de Blois, de Gaillon, de Tours, d'Orléans, de Moulins, de Chantelle en Bourbonnais, de Nevers les maîtres les plus experts des métiers de maçonnerie, charpenterie et ferronerie, « pour joindre ladite tour et icelle tenir en fasson « qu'on pût amender les fondements que l'on veait « baisser. » Tous ensemble, réunis aux experts et gens notables de la ville, décidèrent qu'il serait fait « des murailles de parpins pour soutenir les cintres de certaines voûtes, que la tour serait traversée de barres de fer avec arrets et clavettes pour empêcher qu'elle ne s'élargist, et les fondements fortifiés. »

En 1506, les travaux exécutés depuis près de deux ans n'avaient pu assurer la conservation de la tour ; un des piliers cormiers s'affaissait sensiblement.

Le chapitre avait dépensé plus de 10,000 livres en travaux de consolidation, et cependant la Tour menaçait toujours de plus en plus ; le 4 décembre les échevins, les gens du roi, les notables, les *maistres massons* sont convoqués de nouveau; tous reconnaissent que les fondations sont dans un tel état qu'il faut détruire toute la construction nouvelle, jusqu'à l'ancienne (*Edificium novum usque ad antiquum descenderetur pro conservatione ecclesiæ*), jusqu'à l'endroit où on s'était arrêté avant la reprise des travaux par Guillaume de Cambray.

Précaution tardive ! Le soir du dernier jour de décembre 1506, un fracas épouvantable apprit aux chanoines et à la ville effrayés, que la Tour venait de s'affaisser sur elle-même. Au point du jour, la façade

11

de l'Eglise ne présentait plus qu'un affligeant spectacle ; la tour, et avec elle une voûte et demie de la grande nef et trois voûtes des moyennes et des basses étaient tombées ; un nuage épais de poussière remplissait encore le temple mutilé ; la maison voisine, appartenant à M⁰ Philippe de Laval, était écrasée sous les débris (1). Heureusement personne n'avait péri.

Pendant que les habitants contemplaient avec douleur la ruine de l'Eglise, orgueil de leur cité, un cri d'effroi s'éleva de la foule : un nouveau craquement venait de se faire entendre, deux piliers et avec eux une voûte et demie de la grande nef venaient encore de s'écrouler.

Lorsque les plus hardis osèrent pénétrer dans l'Eglise, ils trouvèrent le pavé couvert au loin de débris. Toute la journée du premier janvier 1507 se passa à contempler cet affligeant spectacle et à prendre les premières mesures de précautions, à faire clore la brèche par une muraille élevée à la hâte. Le lendemain on dépêcha un chanoine vers le roi pour solliciter des secours.

Il restait encore debout quelques parties de la Tour. Pour prévenir les accidents que leur chûte devait entraîner, on commença le 8 leur démolition. Le chapitre, redoublant d'activité, avait appelé de toutes parts les maîtres d'œuvres les plus en renom. Réunis en présence des *maistres* de Bourges, ils formulèrent ainsi leur avis, dans un procès-verbal dont l'original nous est parvenu :

(1) *Acte capitulaire* du 24 janvier 1508. Indemnité à M⁰ de Laval.

« A l'instance et requête de messieurs les véné-
« rables doyen et chapitre de l'église de Bourges
« ont été congrégés et assemblés Maistres Clément
« Mauclert, Pierre Le Merle, Guillaume Senault,
« Nicolas Byard, Jehan Cheneau, Jehan Roulx et
« Jehan le Merle, tous maistres massons, pour voir
« et visiter la démolition et ruyne de la tour et
« voultes de ladite église et comment on pourra
« icelle réparer, lesquels maistres massons tous
« ensemble et d'une opinion ont ordonné et ordon-
« nent que pour la réparation de la dite ruyne faut
« faire ce qui s'en suit :

« Et premièrement et avant toute œuvre fault
« commencer à abattre entre le pilier qui porte le
« horologe (1) et le pilier de la tour despuys le
« hault jusques sur l'allée du premier portal, pour
« la raison de éprouver et savoir si le pignon et
« hosteau de dessus le grand portal se portera bien
« quand il sera desme, et s'il est ainsi que on cong-
« noisse aulcunement en abastant que le dict pignon
« se veuille lascher, on l'estayera contre les pilliers
« de la vieille tour qui seront lesses tout à cause
« jusques ad ce que on aye pourveu et asseuré ledict
« pignon.

« Si on cognoit que le dict pignon ne bouge point
« et qu'il se puisse tenir stable on pourra seurement
« et facilement abastre les piliers cormiers de la
« Tour et jusques au rées du pavé et yceulx faire
« refaire fondés jusques au bon pays en la forme et
« manière qu'il est figuré un pourtraict et plate-
« forme qui a esté faicte par les dicts massons.

(1) C'est le contre-fort-escalier dont nous avons déjà parlé.

« Item après que les dicts piliers seront fondés,
« fauldra fonder les aultres piliers cormiers pour
« icelle tour par devers la chapelle sainct Sébastien
« de la profondeur des aultres jusques au bon pays,
« de la grosseur, grandeur et espoisseur et forme
« des aultres piliers.

« Item plus fault abastre et reffaire et reffonder
« jusques au bon pays le pillier de l'arc-boutant,
« ensemble faire refonder la vis ainsi que il est
« ordonné sur le pourtraict.

« Item après fault fonder le pilier cormier de
« la dicte tour qui sera dedans l'église c'est assavoir
« dedans l'allée d'après les chappelles.

« Item après ce faict fauldra généralement fonder
« toute la masse de la dicte tour despuis le rées du
« pavé jusques au bon pays.

« Ce faict, faudra hausser tous les dicts pilliers
« cy dessus déclarés jusques à l'hauteur des basses
« allées ensemble faire l'empatement de lad. tour
« ainsy qu'il est figuré au pourtraict et icelluy em-
« patement lever depuis le rées pavé une toise à
« plomb; à cette hauteur faire ung lermier, monter
« le dict empatement en entalluent jusques soubs
« l'entablement des basses allées et iceulx entable-
« mens seront faicts adjoingts couverts.

« Item plus et après tout ce dessus dict faict
« fauldra abattre le pilier du petit portal joignant le
« grand portal et le fondre et reffaire jusques au
« bon pays et le haulser à l'haulteur des aultres et
« s'il en etoit ainsy que on cogneust que le pignon
« ne se peust tenir au moyen du foillement du dict
« pilier qui est auprès du dict pignon, il fauldra

« abattre la poincte dudict pignon jusques à l'hos-
« teau pour le décharger et pour éviter le grand
« inconvénient qui en pourrait advenir.

« Item quand on fera les fondemens et que on
« sera à la bonne terre et on pensera être au bon
« pays, néanmoins il fauldra faire ung puyset de
« trois pieds de large pour esprouver si le pays est
« bon dessoubs et s'il a esté aucunement foillé pour
« la seureté de la besoigne.

« Item et quand on fera les fondemens il faudra
« des grandes pierres dures pour faire lesdicts fon-
« dements et par espécial es grans piliers cormiers
« de la tour.

« Item estre pourveu de boys de plusieurs lon-
« gueurs et grosseurs pour estayer et subvenir es
« inconvénients qui pourraient subvenir.

« Item s'il est possible à mes d. seigneurs qu'ils
« emploient l'argent de deux années au premier
« an pour diligenter les fondemens, ce serait grand
« proufit pour ladite œuvre et pour la mectre à
« seureté.

« En la presence de moy juré et notaire et des
« témoins soubs nommés, prudens hommes maistres
« Clément Maucler, Pierre Le Merle, Guillaume Se-
« nault, Nicolle Byard, Jehan Cheneau, Jehan Roulx,
« Jehan Le Merle, maistres massons ont baillé ce
« présent advis et opinion selon qu'il est cy dessubs
« escript à messieurs les vénérables doyen et cha-
« pitre en leur congrégation. Duquel présent advis
« et opinion, vénérables et discrètes personnes
« Messr Me Jehan de Vulcob et Me Nycolle Maque-
« reau, chanoines de ladicte esglise commis adce

« par mes d. sieurs m'ont demandé lectre que leur ay
« octroyée pour leur servir et valoir en temps et
« lieu ce que de raison. Faict le 4e jour de may 1508
« présens maistre Claude Mestier, maistre Bernard
« Chapuzet et maistre Guillaume Pellevoisin. Si-
« gné Nichiot. »

Mais depuis près de quatre ans, le chapitre avait dépensé plus de 10,000 livres pour la tour; son trésor était épuisé, et pendant qu'il sollicitait des secours de toute part, les travaux languissaient, les architectes, venus de loin, restaient oisifs, les matériaux amenés sur place dépérissaient ou étaient volés, à ce point que le chapitre dût lancer un monitoire contre les voleurs; l'église, mal fermée par des murailles élevées à la hâte, exigeait une grande surveillance; et, ce qu'il y avait de plus grave, le gros pilier de la grande nef perdait son aplomb, et le grand pignon menaçait ruine, mal soutenu par ses étais appuyés sur un sol détrempé par des pluies continuelles. Enfin, les secours arrivèrent; nous verrons plus loin de quelles sources, et les travaux reprirent avec activité.

Le lundi 19 octobre 1508, le chapitre entier assista à une messe solennelle du Saint-Esprit et se rendit en procession sur le bord des fondations dont le doyen Jean de Villiers posa la première pierre. Les ouvriers reçurent « 100 sols pour leur vin, tant pour les maistres massons, compaignons et meneuvres. » Il y avait près de deux ans que l'ancienne tour s'était écroulée.

La nouvelle s'éleva sous la direction de Collin Byard et de Jean Cheneau, payés 10 sols par jour;

sous eux Guillaume Pelvoysin, payé 5 sols ; celui-ci avait un *apprentif* appelé Guillaume Bichard. L'année suivante, la solde de Pelvoysin est portée à 6 s 8 d ainsi que celle de Bernard Chapuzet.

Le nombre des compagnons *massons* s'élevait quelquefois à quarante-trois, celui des *manœuvres* à quarante-neuf, il faut y ajouter les *croteurs*, (1) *les charpentiers*, *bauchetons*, *scieurs de long*, *carriers*, *charretiers*, *maîtres d'œuvres*, *contrerolleurs*, et on trouvera près de cent cinquante personnes employées pour la tour, dont cent environ occupées directement à la construction.

Lorsque la renommée et l'appel des maistres massons de Blois, de Gaillon, de la Touraine, etc. eût fait connaître le grand travail qui se faisait à Bourges, des compagnons massons et sculpteurs arrivèrent de toute part.

Tous ces architectes, sculpteurs, ouvriers, étaient français, ce qui donne un nouveau démenti à ce vieux préjugé qui prétend que, dans le XVIe siècle, la France demandait exclusivement à l'Italie les artistes de tous genres dont elle avait besoin.

En 1509, les travaux sont dirigés par Collin Byard, Jehan Chéneau, Guillaume Pelvoysin et Bernard Chapuzet.

En 1511, paraissent pour la première fois les sculpteurs, sous le nom d'*imagers*, *imaigiers*. C'est le 5 juillet que « Marsault Paule reçoit 60 s pour une pièce d'ymage qu'il a faicte de son mestier

---

(1) De croter, creuser ; c'était les terrassiers.

pour la tour, » article de dépense répété quatre fois (1).

Au mois de juin 1512, Pierre Byard, parent sans doute de Collin, fait une pièce d'image pour la voussure du portail, au prix de 60 sols. Au mois de février, Jehan Longuet « est payé de 11 livres pour *une pièce de tabernacle*, qu'il a faicte à sa tâche pour le portal. » A la même époque, Nicolas Poiron et Mc Paule travaillent sans doute aux ornements, à 6^s par jour; (les tailleurs de pierre étaient payés 4^s 2^d).

En 1513, le 13 juin, le chapitre délégua les chanoines Copin et Boucher pour déterminer les sujets qui seraient sculptés sur le portail (*ad imagines portali ponendas*). Marsault Paule, Nicolas Poyson, Pierre Byard, font seize pièces d'image pour la voussure du portail. Le cinq novembre, ils reçoivent 70 liv. « pour avoir réparé les vieulx ymages du vieil portal et avoir faict le trespassement Notre-Dame tout neuf » (2).

Chersallé est payé 12^l pour avoir faict une clé pour le petit portail faisant deux tabernacles.

En 1514, la tour ne s'élevait encore qu'à l'entablement du portail dont les portes furent posées le 3 février par Pierre Jourlin.

Dans l'année 1515, Marsault Paule livre quatre pièces d'images: une grande statue de saint Guil-

(1) Marsault Paule, le plus habile des imagiers employés pour les sculptures de la tour, était de Bourges, comme Léonard Dreu et Masseron les *Asseyeurs*, Bernardet et Pelvoysin.

(2) Jehan Faucault, dit d'Amboise, apothicaire à Bourges, avait fourni pour ces réparations de la cire vierge, de la céruse et de la thérébentine pour 28^s pour faire du mastic.

laume, placée contre le trumeau de la porte du dernier portail à gauche, statue qui existe encore, mais privée de sa tête; elle lui est payée 20 livres. Pour le même prix Nicolas Poyson faisait en même temps la statue de Notre Dame pour le portail neuf dont le tympan représente sa mort et son Assomption (1). A Joseph Chersallé pour avoir fait les armes de de monseigneur de Bourges (cardinal Bohier) 70 sols. A Nicolas le peintre pour avoir peinct les armes du roy et de monseigneur de Bourges, 110 sols. C'est au mois d'octobre que figure, au-dessous de Pelvoysin, chef des travaux, un nouveau *maistre masson*, Jacques Beaufils, payé comme lui 6 s 8 d, et qui reste trois ans attaché à la cathédrale.

En 1516, on ferme la voûte des bas-côtés et on reconstruisit les arcs-boutants tombés avec la tour ; on pose au premier étage de la tour une gargouille faite pour 50 sols, à la tâche, par Jacques Dusault ; on cimente les entablements des allées de la tour.

En 1517, Guillaume Dallida peint les voûtes et y met les armes du cardinal archevêque Bohier, et on fait ferrer la trappe de la grande voûte.

En 1518, on redouble d'activité pour faire terminer complètement les trois voûtes de la grande nef ; on fait travailler les ouvriers de toute sorte « oultre « leur heure ; » on fait tailler les pierres à la tâche. Enfin les trois nefs sont recouvertes, Guillaume Dallida y peint les armes du roi, celles du cardinal déjà mises une fois, passa partout une couche d'ocre jaune sur laquelle il trace en rouge des com-

---

(1) Cette statue a disparu.

partiments qui imitent le petit appareil. En même temps, on posait définitivement et on fermait avec de grosses serrures les portes des deux entrées reconstruites. Quant aux fenêtres, on les bouchait avec des toiles montées sur des chassis, en attendant les vitraux neufs. Ceux qu'on avait pu conserver furent remis en place par Guillaume Dallida et Ursin Alyot, serrurier.

En 1519, un verrinier de Rouen, dont nous n'avons pas le nom, fournit les *vitres* destinées aux nouvelles fenêtres.

En 1520, on grava sur une console, au nord de la troisième galerie de la tour, au niveau de l'amortissement de la façade, cette inscription :

M † 520 † FUT † FECTE † CESTE † PIERRE
M † 507 † FUT † COMMENCÉE † LA † TOUR.

C'est de cette galerie que tomba un ouvrier, Toussaint Suault, qui « se rompit le coul au service de la tour. » Le chapitre accorda « pour pitié et charité de sa mort » 10^l à sa veuve (1).

En 1521, sont sculptées les balustrades des galeries de la tour, qui se ressemblent toutes, sauf peu d'exceptions ; on les payait 4^l la pièce, et on les appelait « *clervoyes.* »

En 1523, fut placée une console de la *vis* de la tour, à la hauteur de la 304e marche, composée d'une tête grotesque à laquelle se rattachent deux banderolles. Sur celle de gauche est gravée :

(1) *Actes capitulaires.*

CE FUT L'A͞N MIL CINQ C͞ES ET SIX DE DEC͞E
BRE LE DER͞R JO͞ʳ Q͞ Pʳ UNG FO͞DEME͞T
MAL SIS DE Sᵗ ESTIE͞ TO͞BA LA TOUR

Sur celle de droite :

1523 ✝ LE 3ᵉ JOUR DE JUILLET FUST
ASSISE CETTE PN͞TE PIERRE.

En 1524, les travaux étaient assez avancés pour qu'on songeât à la couverture de la tour. Quelques-uns voulaient une flèche, d'autres proposaient de la terminer en terrasse comme celle de N.-D. de Paris. Ce dernier avis fut adopté le 11 avril 1524; la couverture fut faite avec des poutres recouvertes de lames de plomb.

En 1535 et 1536, on fait de grands travaux aux basses et moyennes voûtes près de la tour neuve ; on y met des cintres, on fait *scier* plusieurs centaines de pendans pour les voûtes, sans que rien indique ce qui avait nécessité ce remaniement. Liénard Masseron pose des œils de bœufs aux secondes voûtes ; on achève de nettoyer et de couvrir les portails neufs, et les grands *housteaux* de la tour.

En 1536, on termine la couverture de la grande nef, et Jean Lécuyer peint « de noir à huile le « plomb dont est couvert le faitz de l'église (1).

Le 8 juillet, les piliers qui portent le timbre de l'horloge de la tour neuve sont terminés par Léonard Masseron ; l'avant-dernière voûte de la tour est ache-

(1) Tous les plombs des toits de l'hôtel Jacques Cœur ont été peints de cette manière, et les traces s'en voient encore.

vée, le 25 novembre, et toutes les portes sont posées le 9 décembre, par L. Poultier, menuisier.

En 1537, on couvre la chapelle où sont aujourd'hui les fonts, et on termine les murailles et œils de bœufs des secondes voûtes près de la tour neuve.

En 1542 sont terminés tous les travaux, sauf la première voûte et l'*housteau* ou voye pour monter les cloches, qui ne furent faites qu'en 1556, et payées 370¹ (1).

Il faut bien le dire, en 1507 il y avait loin de ces temps de beau zèle dont nous parlent quelques historiens, où les populations, attelées à de lourds charriots, trainaient les matériaux destinés aux églises ; où tous les travaux étaient exécutés gratuitement pour l'amour de Dieu. Pour la construction de la tour Saint-Etienne, tout fut payé, depuis le dernier manœuvre jusqu'au chanoine chargé de surveiller les travailleurs ou d'aller solliciter des secours, jusqu'aux prédicateurs chargés de recommander dans leurs sermons l'œuvre de la reconstruction. Aussi fallut-il, pour faire face à de si grandes dépenses, se créer des ressources extraordinaires ; et il faut bien encore l'avouer, la piété des fidèles n'en procura qu'une assez mince partie, bien que la tradition ait semblé indiquer le contraire, en répétant que cette tour avait été bâtie en partie des deniers qui furent donnés par les fidèles, pour la permission d'user de beurre et de lait, en carême, accordée par le pape Pie III, à la demande de l'archevêque de Bourges, à condition que chaque chef de

(1) *Actes capitulaires.*

famille donnerait à la fabrique de la cathédrale 5 deniers pour la reconstruction de la tour, etc.

Cela est inexact; d'abord Pie III n'a régné que dix-huit jours. Intronisé le 1er octobre et mort le 18 du même mois, en 1503, il n'a rien pu faire pour la tour écroulée en 1506.

On a sans doute confondu avec la confrérie de Saint-Etienne, dont nous parlerons plus loin, et qui accordait en effet aux affiliés le privilége de manger du beurre, en carême. On verra que le produit de la confrérie s'éleva à une somme relativement assez minime.

De 1504, époque où l'ancienne tour menaça ruine, jusqu'en 1508, toutes les dépenses furent payées sur le reste des sommes données par l'archevêque Guillaume de Cambray, par le trésor de l'église, et par les emprunts considérables que le chapitre fut forcé de contracter ; et plus tard, lorsqu'il eut obtenu des secours, leur insuffisance le contraignit à de nouveaux sacrifices; en 1509, il lui en coûta 2,351^l : à peu près autant en 1510; en 1515, on le voit encore contracter un emprunt de 200^l.

Il trouva encore une ressource, assez minime, il est vrai, dans la vente des vieux matériaux, qui s'élève à environ 15^l par semestre ; en 1518, les étais, devenus inutiles, sont vendus en partie pour 73^l. —Dans des legs, l'un, d'un nommé Rouard, en 1507, l'autre de 80^l. fait par Jehan Tixier, tondeur en draps, en 1514.

On sait assez quel abus se fit des indulgences au XVIe siècle. Le chapitre de Bourges ne manqua pas d'y avoir recours dès les premiers mois de 1506, lorsque la tour, mal consolidée par des armatures de fer, menaçait de tomber. Il organisa une confrérie soumise à la sanction du pape.

Dès qu'il fut muni des bulles nécessaires à sa confrérie, le chapitre s'occupa d'en assurer le produit, et défendit que désormais il se fît aucune quête ou publication d'indulgences dans la cathédrale, autres que celles destinées à la Tour. On le voit donner 35 sols « au Prieur des Jacobins pour avoir recom-
« mandé et presché en ses sermons de l'Avent la
« confrairie de l'Eglise, » et envoyer un chanoine au synode célébré à Chateauneuf, pour faire lever la cotisation par les curés du diocèse.

Pendant les premières années, la confrérie de la Tour produisit peu de choses ; en 1515, elle prit un plus grand développement, et rapporta quelques années 539 l., 577 l., 731 l., et même une année 815 l. A partir de 1522, il n'est presque plus question de ce revenu. On peut évaluer à environ 3,500 l. ce qu'elle rapporta.

Les quêtes dans le diocèse produisirent environ 2,200 l. — Les sommes prélevées sur le tronc du *Pardon de l'Hôtel-Dieu* de Paris, 225 l. (1). — Sur le tronc des Quinze-Vingts de Paris, 35 l. Dans le grand tronc de Saint-Etienne, 86 l. — En 1550, le procureur du *Pardon* de Saint-Jean de Jérusalem, pour la défense de la foi catholique, donna 100 livres

(1) Ces *pardons* étaient semblables à ceux de la Tour. L'hôtel-Dieu de Paris avait le droit d'établir ses troncs partout où il voulait, et de faire afficher ses articles. Il y avait à Saint-Étienne de ces troncs pour d'autres établissements encore. Le tronc de la Tour fut établi à Moulins en 1520.

pour l'œuvre de l'Eglise. Ce pardon était un de ceux affichés dans la cathédrale.

Le dimanche de la Passion, 1514, l'archevêque donna sa bénédiction solennelle à laquelle étaient attachés des pardons; le maire et les échevins avaient fait préparer une quantité considérable de pains pour la nourriture de la foule de peuple que cette solennité devait attirer, et tout fut vendu, tant fut grande l'affluence. On trouva dans les troncs du *Jubilé* 210 l.—Le 12 mars 1514, le pardon du Roi, accordé pour que les prières obtinssent de Dieu sa conservation, produisit 100 l. 13 s.

Pendant les vacances du Siége, le produit des *visitations* et des amendes était affecté aux travaux de la Tour; il s'éleva en 1512 à 274 l. 10 s.

Ce sont là des recettes accidentelles et peu considérables; les plus importantes sont les 3,000 l. sur les revenus de l'archevêché, accordées par Louis XII, et l'octroi sur les Gabelles, accordé par François Ier.

Le 2 janvier 1506, deux jours après la chûte de la Tour, les chanoines de Saint-Genès et de Laloue furent députés vers le Roi, pour lui présenter une demande de secours, rédigée par le Doyen, Bertrand, et de Breuil. Au mois de février suivant, le roi vint à Bourges. Le doyen, le chantre, le chancelier et de Saint-Genès furent désignés pour lui exposer les besoins du chapitre. Louis XII venait d'obtenir de la complaisance du chapitre, l'élection comme archevêque de son fils naturel Michel de Bucy, âgé de 18 ans, étudiant à l'Université de Toulouse; il venait à Bourges, installer ce jeune prélat, et régler lui-même l'état de sa maison. Les chanoines le trouvèrent reconnaissant, et il écrivit que :

« Considérant la grant ruyne advenue comme il
« est notoire de la grant esglise de Bourges, et que
« c'est chose bien raisonnable que l'archevêque luy
« subviègne en ayde et sur ce de l'avis de son con-
« seil a ordonné estre baillé et délivré doresnavant
« par chascun an jusques à ce que la dicte esglise
« soit reffaicte aux chanoines et chapitre de la dicte
« esglise de Bourges pour employer au faict de la d.
« resparation de la d. esglise la somme de 3,000 l.
« *(Lettres du Roi* du 16 mars 1507, à Bourges. (1)»

Un des premiers actes du règne de François Ier, que les arts devaient illustrer, fut d'assurer la reconstruction de la tour de Saint-Etienne par le don de deux deniers oboles à prendre sur chaque quintal de sel vendu dans les greniers de la Généralité du Languedoc et de celle de Normandie ; octroi accordé pour quatre ans d'abord, et successivement continué.

Malgré tous les renseignements que nous possédons, il nous est impossible de fixer d'une manière certaine le total des dépenses de la tour, parce qu'il manque quelques registres, et, en outre, parce que plusieurs travaux qui n'en faisaient pas partie ont été exécutés avec les fonds affectés à sa reconstruction. Mais, en 1556, le général des finances, Bohier estimait à 60,000 livres la dépense que nécessiterait la reconstruction de la tour du midi dont on craignait la chûte. Les recettes annuelles, depuis

---

(1) *Archives du chapitre*, cote 14e de la 12e liasse.

l'octroi sur les revenus de l'archevêché et sur la gabelle, s'élevaient à 5 ou 6000 [1], quelquefois beaucoup moins, et les grands travaux ont duré de 1507 à 1538, pour finir tout à fait en 1542.

Pendant le temps de trouble et de guerre civile, la plate-forme de cette tour servait au guet; de nombreux articles de dépenses des comptes de la ville en font foi, ainsi que plusieurs inscriptions gravées par les guetteurs pendant leurs heures de faction.

Au sommet de l'escalier on lit celle-ci :

> PANTHALÉON, FLAMISSET, TROÏEN ET
> JEAN, SON FILS, ÉTAIENT SUR CETTE TOUR L'AN
> 1651, QUI VOULOIT DU PAIN FAILLOIT ALLÉ
> TOUT NUD.

Et cette autre :

> LOUIS XIIII, ROI DE FRANCE ET DE NAVARRE,
> EST ENTRÉ A BOURGES LE 6 OCTOBRE 1651.
> TROÏEN ESTAIT PANTALEON.

Enfin, plus récemment, elle servit encore aux opérations de la carte de Cassini et à celles du célèbre astronome Delambre.

GRAND MUR PIGNON.

Ce mur relie les deux tours entre elles, au moyen des galeries de communication qui existent, à la hauteur des voûtes des basses nefs et à la base du pignon. On comprend que cette partie de l'édifice a dû être gravement compromise, par suite des accidents survenus aux deux tours ; aussi n'est-il pas étonnant qu'elle ait été presqu'entièrement refaite, au XVIe siècle, lorsqu'on reconstruisit la Tour du Nord. Ce sont ces derniers travaux qui ont apporté le décousu et le manque d'unité qu'on remarque dans cette partie, celle du reste qui laisse le plus à désirer de tout le monument.

Cependant, à travers ce désordre, on peut encore retrouver la trace des dispositions primitives. On voit par exemple que ce qui est appelé le grand *Housteau*, c'est-à-dire la grande fenêtre et la rose qui la surmonte, au lieu d'être au nu du mur, comme elles se trouvent maintenant, étaient autrefois abritées sous un arc ogival, ainsi qu'il en existe à Reims et à Amiens. Cela résulte des marques qu'on voit encore sur le dessus des chapiteaux surmontant les longues colonnettes à droite et à gauche de la grande fenêtre. Ces marques, gravées en creux, indiquent des nervures robustes, et telles qu'un grand arc doubleau devait en comporter. Au surplus, le système de décoration à droite et à gauche, entre le mur pignon et les tours, rentre tout à fait dans cette disposition, présentant aussi des arcs en saillie sur le nu des murs. On a vu plus haut, par le rapport des maîtres maçons (en date du 4 mai 1508), par combien de précautions on parvint à conserver quelques portions de ce mur de face; mais l'ébranlement, causé par la chute de la Tour, a porté la perturbation dans toute l'économie de sa construction; et malgré les armatures en fer qui ont été multipliées, son état est loin d'être satisfaisant. Cette façade avait été faite en grande partie aux frais du duc Jean, vers 1390. On trouve également, dans les comptes du chapitre, les reçus d'une foule de dépenses faites en réparations, tant à la maçonnerie qu'à la vitrerie. Il paraît résulter du rapport d'Antoine Bohier, trésorier et général des finances, en date du 4 août 1556, que les lanternons qui terminent les escaliers enfermés dans les contreforts, existaient déjà. Plus tard l'incendie de 1559 en détruisit un, et endommagea la grande verrière.

CHARPENTE.

Puisque nous sommes sur la galerie du *Gloria*, profitons-en pour donner un coup d'œil à la charpente et à la couverture du grand comble. Cette charpente, comme celle de toutes les cathédrales de cette époque, est fort simple d'assemblage ; chaque chevron forme une ferme ; des entraits retroussés et des moises maintiennent l'écartement au moyen de clefs en bois.

C'est ici le cas de réfuter une erreur généralement accréditée, que la charpente de nos vieux édifices du moyen-âge est exclusivement composée de bois de châtaignier ; sans doute que des pièces de cette essence se trouvent quelquefois dans ces charpentes; mais elles ne sont pas nombreuses, et ne forment jamais les principales, notamment les grands entraits; car leurs dimensions ne le permettraient pas. On remarque à droite et à gauche d'une baie au sud, qui conduit à l'escalier Saint-Guillaume, que deux entraits portent les traces profondes du feu qui les a atteints, probablement lors de l'incendie de 1559, dont nous parlerons bientôt.

COUVERTURE.

La couverture de tous les combles paraît avoir toujours été en ardoise, ainsi qu'elle est encore en ce moment. Seulement celles employées aujourd'hui ne ressemblent guère à celles en usage aux XIIIe et XIVe siècles. Le hazard a fait découvrir plusieurs de ces dernières oubliées, sur les voûtes où elles étaient depuis plus de quatre siècles. Nous avons vu, mesuré et pesé plusieurs de ces ardoises. Elles ont 0,70 c. de hauteur sur 0,30 c. de large, et pèsent chaque trois kilos (1).

FLÈCHE EN CHARPENTE.

Il existait autrefois, vers le milieu du faîte du grand comble, une flèche en charpente recouverte en plomb. Elle était à jour et décorée d'ornements en plomb qui étaient peints d'or et d'azur (2). — Elle fut détruite en 1735.

On trouve, dans le procès-verbal de Bohier, 4 août 1556, ce renseignement :

« Est survenu grande ruyne en la dite église
« c'est à savoir au clocher estait assis au milieu de
« la dite église qu'il a convenu abattre par terre par

(1) C'est à M. Blanchard, entrepreneur et couvreur de la cathédrale, à l'obligeance duquel nous avons eu souvent recours, que nous devons la conservation et la communication de ce curieux spécimen, ainsi que les échantillons des bois de la charpente.

(2) Lathaumassière.

« raison de la charpente d'icelui qui estait toute
« pourrie et gastée, ensemble la charpente joignant
« le dit clochier tant du costé du chef que de la
« nef et prêt à tomber, et entièrement rompu, gasté,
« démoly et abattu les grandes voûttes couverture
« charpenterie et autres de la dite église.

« Lequel clocher a esté depuys réédiffié et refaict
« tout à neuf de toutes matières neuves et couver-
« tures de plomb à neuf et de façon plus somp-
« tueuse que ne l'estait l'ancien, pour la décoration
« de la dite église selon l'advis et visitation qui en
‹ fut faicte par plusieurs grands et notables per-
« sonnages de ce royaulme, lequel clocher de nou-
« veau édifié et faict à jour qu'il a commencement
« revestir et couvrir de plomb toute la charpenterie,
« tant hors que dedans. »

CLOCHES.

La sonnerie de la cathédrale se composait autrefois de 12 cloches dont quatre fortes, qui se
nommaient : *Gros-Guillaume*, *Ursine*, *Marie et
Sancèrre*; parmi les petites il y avait : *Philippe*,
Etienne, *la Coquée*, *les Monaux*, *la Claire*, etc.

Il existe, aux archives, une ordonnance sur la
sonnerie, d'où il résulte que :

‹ Commençait les jours de festes la petite cloche
« nommée la *Coquée*, 20 minutes ; puis la *Claire*
« 10 minutes, puis l'un des Mannaulx de la vieille
« tour demi heure, puis pour les matines la Prime
« et la Claire.

« Après matines sonnent la Prime et la Claire, ou le Manneau du petit clocher.

« On *cobetait* avec les grosses ou petites cloches pour les anniversaires, suivant le plus ou moins de solennité.

« Pendant l'anniversaire, on sonnait la sourde.

« Les dimanches, pour l'entrée des matines, on sonnait un des majeurs Estienne ou Guillaume, qui sont appelés sous-chantres.

« Cinq cloches au petit clocher.

« Le gros Ursin et Philippe nommés les chantres.

« La messe du duc Jean se sonnait seule aux dépens du chapitre. »

Toutes ces cloches ont été brisées et mises à la fonte lors de la première révolution ; il n'y en a plus maintenant que six, qui ont été fondues depuis 1829. Ce sont : *Henry, Marie-Thérèse, Célestine, Caroline, Guillaume-Henry, Marie-Angélique, Claveau*, dite *la Clavotte*, donnée, il y a quelques années, par un ancien curé, l'abbé Claveau.

Il existe encore dans la tour neuve un instrument nommé *symandre*, ou cloche en bois qui remplaçait autrefois les cloches pendant la semaine sainte. On ne s'en sert plus aujourd'hui. La dernière fois qu'on la voit figurer dans les comptes est en 1783.

« Pour avoir sonné la cloche de bois la semaine sainte, payé 1¹ 10ˢ.

Rentrons maintenant dans l'intérieur, où il nous reste encore beaucoup à voir et à décrire.

CHAPITRE VII.

CHŒUR ET SANCTUAIRE,

SÉPULTURES ET CAVEAU DES ARCHEVÊQUES.

E chœur actuel ne ressemble guère à celui qui existait avant 1757, époque à laquelle il fut entièrement dénaturé, ainsi qu'on en jugera par la description que nous en donnerons d'après les documents que nous avons réunis.

Peu de mots suffiront pour faire connaître celui qui existe aujourd'hui : les deux premières travées, à droite et à gauche, au-devant desquelles sont placées les stalles, sont fermées par un mur en pierre, de la hauteur de quatre mètres environ, sur lequel est un revêtement en menuiserie avec plafond, supporté par des consoles. A l'extérieur, cette construction est décorée d'une arcature préparée pour recevoir des moulures et des sculptures ; toutes les autres travées sont remplies par des grilles en fer qui règnent à la hauteur des murs. L'entrée du chœur, côté de la grande nef, est également fermé par une grille d'appui en fer.

Le dallage du chœur et du sanctuaire, ainsi que le maître-autel, sont en marbre de diverses couleurs, mais ils n'offrent rien de remarquable, et il suffit de rappeler que le style de cette froide et maussade décoration appartient à la seconde moitié du XVIIIe siècle, pour ne pas s'y arrêter plus longtemps Voici maintenant, d'après ce que nous avons recueilli, quels étaient l'état et l'aspect de l'ancien chœur :

Entièrement clos par des hautes tapisseries, il était séparé de la nef par un jubé. L'enceinte, ainsi renfermée, contenait trois autels. Pour chaque office, le maître-autel était revêtu d'un parement spécial, en harmonie avec les vêtements sacerdotaux du célébrant. Quelques-uns de ces parements étaient fort riches, et ornés de broderies représentant des scènes de l'Histoire Sainte et les armoiries des donateurs. Ces parements, *haut et bas*, étaient montés sur des chassis mobiles, ce qui permettait de les changer facilement.

Au-dessus de l'autel était une table d'argent doré, donnée par l'archevêque Wulgrin (mort en 1136). L'existence de cet objet est encore constatée au XVIe siècle par deux articles des comptes de l'œuvre de 1529 et de l'inventaire de 1537.

La custode était suspendue à une crosse au dessus de l'autel, et surmontée d'un ciel soutenu par une corde qui descendait de la voûte. Ce ciel devait être changé suivant l'importance des fêtes ; car on trouve souvent dans les comptes de l'œuvre la mention de cette dépense : « Pour avoir tendu le ciel sur le grand autel, » et aussi « le voile sur le crucifix. »

Ce crucifix était de grande dimension, et accompagné de la Vierge et de saint Jean ; des deux côtés étaient des chandeliers. Jusqu'au XIIIe siècle on n'en plaçait que deux les jours ordinaires et quatre aux grandes fêtes. En 1260, l'archevêque Philippe Berruyer ordonne qu'à l'avenir on brulât quatre cierges les jours ordinaires, et six aux grandes cérémonies; et il affecta les revenus d'un de ses domaines à l'entretien de cet éclairage, en priant le chapitre de veiller à cette fondation.

L'autel était couvert d'une peau de cerf (1); pendant le carême il était caché aux yeux des fidèles par une courtine blanche.

En 1526, on fit reconstruire le maître autel avec partie des anneaux et pierres précieuses légués par Copin, évêque de Saint-Papoul. Il fut consacré par l'évêque d'Evreux, auquel le chancelier donna un repas aux frais du chapitre (2).

C'est au maître-autel que se célébraient toutes les grandes cérémonies, qu'on installait les archevêques et les chanoines ; les chanoines seuls avaient le droit d'y célébrer la messe à l'exclusion des vicaires.

Quelques objets concouraient encore à la décoration du maître-autel.—En avant était placé un grand candélabre à sept branches ; brisé en 1562 par les

---

(1) *Comptes de l'œuvre*, 1526.
(2) *Actes capitulaires*.

Huguenots, il ne fut jamais refait. — Un ancien inventaire de l'abbaye de Clairvaux fait connaître qu'au chœur de l'Eglise de cette abbaye on voyait aussi un candélabre à cinq branches. Il en existait un également à Saint-Rémy de Reims.

Entre le grand candélabre et l'autel étaient placées deux lampes où brulaient sans cesse deux cierges. Ces deux lampes étaient suspendues à la voûte.

Autour du sanctuaire étaient six statues d'anges, de grandeur naturelle, placées sur des colonnes de cuivre. Ces anges étaient sans doute en bois ; car en 1530, l'aile de l'un d'eux s'étant détachée, ce fut Jehan Lebreton, menuisier, qui fut chargé de la *seler*, et reçut pour cela 5 sols. De plus chaque année on trouve, à la veille des grandes fêtes, la dépense suivante : « au poeslier pour avoir forby et nestoyé « le grand candélabre du chœur, aussi l'aigle, les « piliers de cuyvre du tour de l'autel, la tombe de « monseigneur St-Philippe pour la fête du... etc. » Et jamais il n'y est fait mention des anges.

A droite du grand autel était placée la « *Chaire pontificale* » qu'occupait l'archevêque lorsqu'il officiait ; à côté se trouvait un autel ou plutôt une table pour la desserte des vases du grand autel ; du même côté le flambeau où se plaçait le cierge Pascal, du poids de 100 livres.

A gauche était une chambre où couchaient les *coutres*, prêtres préposés à la garde de l'Eglise, et du trésor renfermé dans le sanctuaire, dans de vastes armoires. Ces *coutres (custodes)*, ne pouvaient jamais coucher hors de cette chambre.

Derrière le maître autel étaient le tombeau et

l'autel de Saint-Guillaume.— Guillaume, archevêque de Bourges, mourut le 20 janvier 1209. « Il avait témoigné la volonté d'être inhumé dans l'Eglise de l'abbaye de Châlis, et déjà les moines de son ordre qui se trouvaient à Bourges se préparaient à enlever sa dépouille mortelle ; mais le chapitre de Bourges résista à la prétention des moines, et répondit qu'on avait vu apparaître sur son Eglise un globe de feu semblable à une étoile ; que c'était là une preuve de la volonté de Dieu. Le peuple allait intervenir, et les moines de Châlis jugèrent plus prudent de renoncer à leur projet » (1).

Guillaume appartenait à la famille impériale de Courtenay, il était de l'ordre de Citeaux. — Le chapitre de Bourges trouva là de puissants auxiliaires, lorsqu'il supplia le Pape de canoniser le prélat qu'il venait de perdre. — Son corps avait été déposé dans la salle ronde de l'Eglise souterraine où est placé aujourd'hui le sépulcre. Dès qu'il fut canonisé, son successeur Gérard de Cros le fit transférer dans le chœur, derrière le maître-autel, le 7 mai 1218. — Une châsse couverte d'or et d'argent reçut les reliques du nouveau saint.

Nous n'avons pu retrouver ni desseins, ni description de la châsse de saint Guillaume. En 1522, il fut permis à M⁰ Antoine Chevalier, secrétaire du Roi, de faire peindre la châsse (2).

En 1530, le chapitre ordonne de payer, des deniers de la bourse de la Tour (neuve), à Mathieu

---

(1) *Histoire du Berry*, de M. Raynal. 2 165.
(2) *Actes capitulaires du 2 mars.*

Davon, serrurier, 100¹ à compte pour faire un treillis autour de la châsse Saint-Guillaume (1).

En 1562, les Huguenots, maîtres de la ville et de la cathédrale, détruisirent complètement l'autel et le tombeau du saint, dont les reliques furent brulées. — L'autel fut restauré ; mais rien ne rappela le souvenir du tombeau, dont les débris avaient été vendus par Montgommery, chef des protestants; si ce n'est toutefois une trace bien fugitive qu'on voyait encore au XVIIe siècle « *on voyait encore
« derrière le chœur de Saint-Etienne les vestiges
« de quelques carreaux sur lesquels portaient qua-
« tre colonnes qui soutenaient la fierté de ce saint
« prélat* (2).

La dévotion à saint Guillaume n'était pas concentrée seulement en Berry ; la nation de France, de l'université de Paris le prit pour patron; et les Bénédictins rapportent qu'à Rigny, près Vermanton (Bourgogne), on conservait une de ses dents, relique employée contre la piqure des serpents (3).

A Saint-Menoux en Bourbonnais, il existe encore un reliquaire en argent représentant saint Guillaume, et renfermant aussi une de ses dents.

L'autel des anniversaires, resté portatif jusqu'en 1757, fut à cette époque construit en marbre et placé derrière le maître-autel. Il y a quelques années qu'il en a été enlevé et transporté dans la chapelle des Copin.

(1) *Actes capitulaires.*
(2) *Catherinot, sanctuaire du Berry,* 1680.
(3) *Voy^{ge} litt^{re} de deux bénédictins,* I, 54.

Le sanctuaire était séparé du reste du chœur par une grande pièce de bois qui traversait d'un côté à l'autre, formant une sorte de portique; on l'appelait *Penna*, la Panne. — En 1250, l'archevêque Philippe Berruyer ordonna, pour augmenter la majesté du culte, que cette panne fût recouverte de cierges allumés pendant les grandes fêtes de chantre, à Noël, à la Saint-Guillaume d'hiver, à Pâques et le jour de l'Invention de saint Etienne. Il donna en même temps à ses successeurs de quoi entretenir cette fondation (1). On plaça sur le panne 30 vases de cuivre pour recevoir les cierges.

Au milieu du chœur, devant l'aigle en bronze qui servait de pupitre, était la tombe également en bronze de Philippe Berruyer.

Un autel fut élevé dessus, la ville de Bourges le mit sous son patronage, et fonda une messe pour chaque jour. On trouve dans le « compte du rece-
« veur des deniers commungs de la ville » cet article de dépense.

« A messire Raoullet et Pasquet Chappus, pres-
« tres et vicaires de l'église de Bourges, 40¹ qu'ils
« ont accoutumé avoir et prendre de la d. ville
« pour dire, chanter et cellebrer une messe basse
« en l'autel Saint-Philippe au cueur de l'esglise
« Mons Sainct-Etienne de Bourges incontinent après
« matines pour la prospérité et santé des bourgeois,
« manans et habitants de la dite ville. »

A l'article sépulture, nous faisons connaitre

(1) *Cart S. Et.*, I.

quelles tombes étaient placées dans le chœur. Mentionnons ici seulement que celle de Foucault de Rochechouart, mort en 1343, était, dit un écrivain du XVIe siècle, « Un mausolée magnifique en mar« bre élevé de deux ou trois pieds au-dessus du « pavé. »

Nous n'avons aucune indication sur la forme des stalles qui furent détruites en 1757; il en existait deux rangs, dont celui de derrière plus élevé, et réservé pour les chanoines ou les dignitaires admis dans le chœur; derrière et au-dessus de ces stalles étaient des tapisseries En 1444, Pierre de Croces donne gratuitement une tapisserie où est représenté le martyre de saint Etienne, pour former le chœur tout autour (1). Les inventaires donnent la description de plusieurs tapisseries destinées à cet usage.

En 1567, le chapitre achète cent vingt livres une tapisserie pour le chœur. L'hiver, l'entrée était fermée par un grand rideau de serge bleue, semée de fleurs de lys, qui figure dans les inventaires.

L'usage des clôtures en tapisserie s'est conservé jusqu'à la construction du nouveau chœur. En 1742, il fut décidé, par acte capitulaire, que chaque bénéficier occupant les hautes stalles pourrait avoir une *abscouse* ou lanterne uniforme, semblable à celles des pupitres, tournée en dehors du chœur, pour être réfléchie *sur les tapisseries qui son au-dessus des stalles*. On peut apprécier à quelle hauteur s'élevaient les tapisseries. « En 1538, on achète vingt-un sols, deux échelles de quinze pieds de long pour

---

(1) *Actes capitulaires*, 6e registre

les attacher. » Des chaînes de fer fixées aux piliers servaient à cet usage (1).

Sous les stalles, on étendait de la paille ou du foin, aux frais de l'archevêque. En 1443, Henri d'Avaugour offrit de faire mettre des nattes au lieu de foin.

Le chœur n'était pas seulement fermé par des tapisseries, mais encore par des murailles couvertes de sculptures, comme celles qu'on voit encore à Notre Dame de Paris. C'est dans ces murailles qu'étaient ménagées les armoires renfermant les reliques et les objets précieux composant le trésor.

Outre la grande porte placée sous le jubé, il y en avait deux latérales. Jusqu'en 1791, le chœur s'étendait depuis la huitième colonne de la grande nef jusqu'au fond de cette nef.

Lors de la reconstruction du chœur, en 1757-1760, le jubé fut refait; et démoli en 1791. A cette époque le chœur fut raccourci d'une travée, et le jubé n'a pas été remplacé. Nous avons vu des débris du dernier jubé : le nu de la pierre était orné de médaillons dans le milieu desquels étaient des fleurs de lys dans le style écrasé du temps. Ce jubé avait coûté 9,372 l.

La description des sépultures qui existaient sous diverses parties du dallage du chœur et de la nef trouve naturellement ici sa place.

(1 *Comptes de l'œuvre de 1525*.

SÉPULTURES.

Le pavement de notre cathédrale est dépourvu de tout intérêt au point de vue de l'art. On n'y voit que la ligne du méridien, tracée au-dessus du troisième pilier, à droite, et un grand nombre d'inscriptions tumulaires.

Le sol de la cathédrale forme un vaste ossuaire où sont ensevelies de nombreuses générations de chanoines, un certain nombre d'archevêques ; et, dans les caveaux des chapelles, les familles des fondateurs ont reçu les honneurs de cette sépulture privilégiée, ainsi que trois princes du sang et un comte de Sancerre, dont la tombe était devant l'entrée du chœur. — Le duc Jean avait fait ensevelir dans les caveaux Catherine de France, première femme de son second fils Jean, comte de Montpensier. Près de trois siècles après, il y fut transporté lui-même, avec Gabrielle de la Tour, comtesse de Montpensier, lorsque sa Sainte-Chapelle fut supprimée. (19 août 1757).

Sur 110 archevêques que l'on compte, depuis saint Ursin jusqu'en 1790, 17 seulement ont été inhumés dans la cathédrale ; les autres ont été déposés en divers lieux, tels que la Sainte Chapelle du château, dans des abbayes ou autres églises.

Plusieurs enfin ont quitté le diocèse pour d'autres résidences.

Parmi les archevêques ensevelis dans la cathédrale, Vulgrin serait le plus ancien, et après lui Pierre de la Châtre ; Vulgrin, mort en 1136, Pierre de la Châtre en 1171. Ils ont dû être déposés dans l'édifice qui a immédiatement précédé la cathédrale actuelle ; nous ignorons les circonstances de leur translation. — Dans l'intervalle de la 11e à la 12e colonne à droite du rang qui sépare les deux bas-côtés, on trouve aujourd'hui une dalle carrée, portant en caractères du XIIIe siècle l'inscription :

DOMN^s VULGRINUS
ARCHIEP^s BITUR^s

Cette pierre n'est plus aujourd'hui à la place qu'elle a occupée d'abord.

2º PIERRE DE LA CHATRE, mort en 1171. On lit à son sujet dans la *Gallia Christiana* : « Sepultus est « hic antistes in choro majoris sancti Stephani ec- « clesiæ sub laminâ æreâ. (1) » Dans l'espace qui se trouve entre le banc des chantres et l'aigle, dit un cahier manuscrit des archives. Jean Chenu, dans sa chronologie des archevêques de Bourges, a donné son épitaphe (2).

3º SAINT GUILLAUME, mort en 1209, est le premier qui ait pu tout d'abord être déposé dans un caveau de la nouvelle église. Nous avons indiqué précédemment la place qu'il occupait dans le chœur.

4º SIMON DE SULLY, mort en 1232, fut déposé dans la même tombe que Pierre de la Châtre ; la même plaque de bronze les recouvrait, et sans doute le même poëte y fit graver l'inscription qu'on y lisait (3).

5º Le Bienheureux PHILIPPE BERRUYER était en-

(1) *Gallia Christiana*.
(2) Page 51.
(3) Chenu, *ouvrage cité*, p. 57.

terré au pied de l'aigle, dans le chœur, ainsi que nous l'avons dit plus haut.

6° FOUCAULT DE ROCHECHOUART, mort le 13 août 1343, était placé au pied du grand candélabre dans le chœur.

7° ROGER LE-FORT DE TERNES, mort le 25 avril 1367. Il avait été placé d'abord à la droite du grand autel. Les habitants de Bourges et les campagnards venaient en foule visiter sa tombe, attirés par le bruit de miracles qu'ils espéraient faire renouveler en leur faveur par des offrandes de toisons, etc.

En 1614, les religieux Célestins des Ternes, près Paris, présentèrent au chapitre une requête tendant à ce qu'il leur fût permis d'enlever le corps de *saint Roger*. « Messieurs ont fait réponse que « vu le long « temps qu'il y a qu'il est inhumé, et la dévotion « qu'il y a à son tombeau, ils ne peuvent accorder « cette requeste » (1).

Près d'un siècle et demi plus tard, le corps fut découvert dans les travaux du chœur (1760), recouvert de ses habits pontificaux, avec sa croix et sa crosse; il fut renfermé de nouveau par une pierre sur laquelle on fit graver :

SEPULCRUM BEATI ROGERII LEFORT DE
TERNES, P. P. ARCH. BIT MORTUI DIE
25 APRILIS, ANNO 1367.

Cette dalle de pierre se voit à droite en descendant dans le caveau qui est sous le chœur.

8° GUILLAUME DE BOISRATIER, mort le 19 juillet 1421, inhumé à côté de la stalle du doyen, qui était

(1) *Actes capitulaires*.

la première à gauche en entrant par la porte occidentale.

9° Jean Coeur, fils du célèbre J. Cœur, mort le 29 juin 1482. Son corps reposait dans le chœur, près la porte occidentale, au-dessous de Pierre de la Châtre Sur sa tombe de marbre noir, on lisait ces mots, gravés par son ordre, sous l'image de la mort :

« *Memorare quæ mea substantia.* »

10° Guillaume de Cambray, mort en 1505, était enterré à côté de Guillaume de Boisratier, devant la stalle du Doyen, sous une tombe de cuivre, sur laquelle était gravée son image et une inscription qui est donnée par Chenu et la *Gallia Christiana*.

11° Michel de Bucy, mort le 8 février 1511, « a été enterré près de la stalle du chancelier, la « dernière à droite ; près la porte latérale du côté « de l'archevêché, celle où se place l'archevêque « lorsqu'il n'officie pas. »

Ce jeune prélat, fils naturel de Louis XII, et imposé par lui au choix du chapitre, était mort avant d'avoir pu prendre le titre d'archevêque. « Aussi sur « sa tombe une épitaphe, dont le laconisme inac- « coutumé prouve qu'il laissa peu de regrets, ne lui « donnait que les titres de patriarche et de primat « des Aquitaines » (1).

12° Le cardinal Antoine Bohier, mort le 27 novembre 1519, à Blois, et rapporté à Bourges. Les chanoines, réunis en chapitre général le 12 janvier 1522, ordonnèrent que, des deniers laissés par le

---

(1) M. L. Raynal, *Hist. du Berry*, t 3, page 256.

cardinal pour la fondation de son anniversaire « *ob ipsius reverentiam et recordacionem*, » il serait posé une tombe en cuivre sur sa sépulture, et que son image serait attachée au pilier le plus proche.

13° FRANÇOIS DE BUEIL, mort le 25 mars 1525, enterré dans le chœur au-dessous de Saint-Philippe. Ce prélat, fils du comte de Sancerre, avait été élu malgré François 1er, et avait lutté avec énergie contre le mauvais vouloir du Roi. — L'inscription en vers latins, gravée sur sa tombe, faisait mention de sa courageuse résistance, en termes tels, que M. Raynal a pensé que les historiens du Berry n'ont pas osé donner son épitaphe entière.

14° ANTOINE VIALARD, 97e archevêque, mort en 1576 hors de son diocèse, y fut rapporté et enterré sous l'autel de Saint-Guillaume, derrière le chœur. Le 11 avril 1759, lorsque cet autel fut démoli, on retrouva son corps. A la fin d'octobre 1842, en détruisant le reliquaire placé au fond du chœur, et l'autel des Anniversaires qui avait remplacé en 1759 celui de Saint Guillaume, les ouvriers ont trouvé un cercueil de bois de chêne; c'était celui d'Antoine Vialard. — Dans la boîte de chêne était renfermé un coffre de plomb, dessinant la forme de la tête, et d'une longueur de 1 m. 95 c.

Le jeudi 20 octobre, à une heure, le cercueil en plomb, transporté dans la sacristie, fut ouvert en présence de monseigneur Du Pont, archevêque, des vicaires généraux Bonnin et Caillaud, du maire de Bourges, et de quatre commissaires spéciaux nommés par l'archevêque. — S. A. R. Charles Louis, infant d'Espagne, assistait à cette cérémonie.

On trouva le pallium placé entre le plomb et le cercueil de chêne.

Le squelette était dans un état parfait de conservation; il avait environ 1 m. 70 c.; le menton et la lèvre supérieure, couverts de barbe, étaient parfaitement conservés, et d'un rouge ardent; les ongles et les dents existaient dans leur état naturel, la main droite appuyée sur le cœur, la tête un peu penchée sur l'épaule droite; la poitrine, entr'ouverte, laissait voir les linges et étoupes dont on l'avait remplie, le corps était entouré de plantes aromatiques. Sur les parois intérieurs du cercueil, il s'était formé une couche épaisse d'une matière blanche, (oxide de plomb).

Monseigneur Du Pont a fait réunir ces restes dans un nouveau cercueil de chêne, où ont été déposés un procès-verbal de tout ce qui précède, et une notice biographique écrite par M. le chanoine Claveau. Le tout a été remis à la même place. Antoine Vialard est un des archevêques qui ont le plus enrichi le trésor du chapitre.

15º PIERRE D'HARDIVILLIERS, mort le 10 octobre 1649, avait demandé à être enterré près de la grande porte de l'Eglise. On y voit encore sa tombe de marbre noir, sur laquelle sont gravées ses armes et une inscription trop fruste pour être transcrite.

16º ANNE DE LÉVIS VANTADOUR, mort le 17 mars 1662, a été enterré dans le chœur, auprès de la tombe de Saint-Philippe.

17º Enfin MICHEL PONCET, mort le 21 février 1677, avait été enterré dans le chœur, proche la place du chancelier.

C'est le dernier des archevêques dont les dépouilles aient été déposées dans Saint-Etienne, avant 1789.

Quant à ceux morts depuis, nous en parlerons bientôt en décrivant le caveau des archevêques.

Nous ne savons s'il faut conclure qu'il était défendu de faire graver les tombes, de ce fait que le 12 mars 1553 le chapitre permit d'inscrire, sur la tombe de G^e Penin, le jour et l'année de sa mort (1). Le 18 février 1650, il fut arrêté qu'à l'avenir on ne pourrait plus mettre d'inscription dans l'église sur les tombes de ceux qui n'auraient pas fait quelques fondations (2).

En 1664, les droits à payer pour la sépulture d'un chanoine furent réglés à 7$\pounds^1$.

Lorsqu'un chanoine mourait sans héritiers, le chapitre ne payait que moitié de ces droits. — Pour le doyen, ils se payaient doubles.

De plus, les héritiers devaient fournir trois carreaux neufs (dalles), pour mettre à la place de ceux qu'on levait pour faire la fosse.

Un réglement de 1708 (20 août), détermina tous les droits à payer pour la sépulture des semi-prébendes, des archidiacres et des sous-chantres, des vicaires, coutres, sacristains, enfants de chœur et bâtonniers. Ces droits diminuaient avec l'importance des officiers de l'Eglise, aux obsèques desquels ils s'appliquaient. —Ce statut prescrivait, en même temps, des mesures pour maintenir l'ordre et la décence dans les cérémonies funèbres, et empêcher les vicaires et coutres de les troubler, par leur avidité en arrachant les

(1) *Rég. cap^e.*
(2) *Rég. cap^e.*

cierges. — En 1738, les droits pour l'enterrement d'un chanoine étaient montés de 72¹ à 100, y compris 12¹ pour les maçons qui scellaient les pierres, et y gravaient les noms.

Un édit du roi, du mois de mars 1776, apporta des restrictions à la faculté d'inhumer dans les églises. Le chapitre s'adressa à l'archevêque Phélippeaux pour le prier de désigner un local pour la sépulture des chanoines et bénéficiers ; le prélat désigna la galerie de droite de l'église souterraine « à prendre « du bas de l'escalier par lequel on y descend de ce « côté, et à continuer jusqu'à la rencontre d'un « grand degré composé de plusieurs marches, es- « pace de 12 toises de longueur. » Il ordonna de clore cet espace, contenant une surface de 700 pieds, par deux murailles ; mais cet ordre ne fut pas exécuté, et on continua à enterrer dans l'église jusqu'à la Révolution

---

CAVEAU DES ARCHEVÊQUES.

Ce caveau, dans lequel on ne peut pénétrer sans une autorisation spéciale, est celui dont nous avons eu déjà occasion de parler, et que nous supposons avoir été la crypte d'une des églises qui ont précédé la cathédrale du XIIIe siècle; il reçoit maintenant les dépouilles mortelles des prélats qui ont occupé le siége archiépiscopal de Bourges. On y arrive en levant deux dalles à droite du chœur. On trouve un escalier, à la suite duquel est un plan incliné avec retour d'équerre, puis un second escalier qui débouche dans le caveau ou galerie. Cette galerie, dont la plus grande longueur (10^m 80^c), est dans le sens du nord au sud, est voûtée en plein-cintre Sa hauteur sous clef est de 2^m 65^c Elle est divisée dans sa longueur en trois travées par des arcs doubleaux ; dans celle du milieu, un passage, fortement évasé, dans les murs latéraux duquel sont deux niches, donne entrée à un petit caveau également voûté, qui n'a que 2^m 25^c en tout sens, et 2^m 05^c de hauteur. Adossé au mur du fond, en face de la porte d'entrée, il y a une sorte d'autel composé de deux supports en pierre et d'une table également en pierre, présentant un biseau par dessous, et un double filet par dessus ; aucun signe n'indique que cette table ait été consacrée, ce n'est qu'un support sur lequel on dépose le corps du dernier archevêque, jusqu'à ce qu'il y soit remplacé par son successeur. Dans chacun des trois murs est pratiquée une petite niche carrée. Cette petite cella, beaucoup plus ancienne que le reste des constructions, semble avoir été destinée à renfermer des objets précieux, à en juger du moins par la trace des gonds et les feuillures d'une porte qui se voient encore à l'entrée. Le corps déposé en ce moment sur la table d'attente, est celui de Mgr Guillaume Aubin de Villèle, mort en 1841.

De retour dans la grande galerie, on remarque que le mur de l'est est dépourvu de toute moulure ou ornementation ; on y voit seulement la trace d'une ouverture bouchée, pareille à celle qui donne accès dans la petite cella; tandis que le mur vis-à-vis, à l'ouest, est décoré d'arcs plein cintre, reposant sur des pieds droits carrés, avec impostes et socles chaufrinés, formant arcature.

La présence d'un arc doubleau, construit après coup dans la travée à gauche, fait reconnaître que cette partie a éveillé des craintes pour sa solidité.

Dans la travée centrale, à la clef de la voûte, on voit une pierre circulaire, percée de quatre lobes, formant un quatre-feuilles.

En face de l'escalier d'arrivée, il existe encore un long passage voûté; c'est celui qui donnait accès à la crypte avant 1757; il avait son entrée sous le jubé démoli à cette époque. En ce moment il est obstrué par des décombres qu'il serait intéressant de déblayer; car on y trouverait probablement des renseignements utiles sur les constructions qui ont précédé celles du XIII siècle.

L'ensemble des constructions de cette crypte est en petit appareil pour les arcs, plus fort pour les piédroits des arcs doubleaux, mais généralement assez régulier; le style est le roman simple et sévère qui appartient au X siècle, époque à laquelle on peut, sinon affirmer, du moins supposer que remonte l'origine de cette curieuse construction.

Les cercueils déposés dans ce lieu sont ceux de Mgr de Mercy, le premier au fond, au nord; Mgr de Gallois de la Tour, à la suite; Mgr de Fontenay, le troisième; Mgr de Villèle, placé dans le petit caveau; enfin, Mgr de Gassot, vicaire général, dont le cercueil est au pied de l'escalier en entrant.

Ce caveau était oublié depuis longtemps, lorsque les travaux entrepris en 1757, pour arranger le chœur tel qu'on le voit aujourd'hui, le firent découvrir, ainsi que le constate l'inscription suivante, placée au plafond de l'escalier établi à la même époque :

> HÆC CRIPTA
> VETERIS ECCL.
> MONUMENTUM
> DELECTA RENOVATA
> SARTA AC DESTINATA
> SEPULTURA
> ARCHIEPISCOPORUM
> AN. M. DCCLX.

Avant d'arriver au palier où se trouve cette inscription, on en trouve une première placée également en 1760, à droite, aux pieds du tombeau du bienheureux Roger, placé là à cette époque (nous l'avons donnée plus haut).

Dans le plafond, on voit encore quelques débris des dalles tumulaires qui couvraient des tombes de l'ancien chœur; ces tombes ont été débitées en dalles, et celles de bronze, au nombre de quatre, ont été fondues probablement.

Au fond, à gauche du grand caveau, on voit, gravé sur une pierre placée au niveau du sol :

> HIC JACENT OSSA D. D.
> MICHAELIS PONCET DE LA RIVIÈRE ARCHIEP
> BITUR. E TUMULO PLOMBEO EREPTA TEMPORIBUS
> CALAMITORIS (sic) RECOLLATA AUTEM CURIS ET
> SUMPTIBUS VENERABILIS CAPITULI, FABRICÆ
> HUJUS ECCLESIÆ ANNO DOMINI 1802
> MENSE FEBRUARIO.

Nous ne faisons mention ici que pour mémoire

des mystérieux caveaux remplis de riches tombes, dont une tradition populaire se plaît à meubler le sous-sol de notre cathédrale. Entre le caveau des Archevêques et le Saint Sépulcre de l'église souterraine, il y a, en effet, deux autres compartiments : l'un, derrière le tombeau, est rempli de moëllons; c'est celui dont nous avons déjà parlé; on y trouve la continuation des arcs doubleaux qui soutiennent la voûte du caveau circulaire, coupé en deux parties inégales par la construction du tombeau. Entre ce réduit et le caveau des archevêques, il y a encore un espace très resserré, rempli de terre et de gravois, dans lequel on a pénétré, il y a peu de temps, en dégageant l'ancienne ouverture qui existe dans l'église. De ce côté, le parement du mur est brut, et rien n'indique qu'il y ait jamais eu un caveau. Dans le réduit opposé, ou cella, en dégradant le fond d'une petite niche, nous avons trouvé le tuf et non pas le mur qui devrait former les salles; salles, dit-on, remplies de tombeaux, mais dont l'imagination a fait tous les frais.

CHAPITRE VIII.

SACRISTIES, SALLE DU CHAPITRE,

TRÉSOR, RELIQUES, MOBILIER ET OBJETS D'ART.

SACRISTIES.

A sacristie du chapitre a son entrée dans le bas-côté nord, entre la chapelle *Saint-Benoît* et celle *Saint-Ursin*. Elle fut, comme cette dernière chapelle, construite par Jacques Cœur. L'architecture de la porte en est riche et élégante. La baie carrée est surmontée d'une ogive, qui est appuyée de dais terminés en pinacle. Au-dessous des dais, deux piédestaux qui devaient, ainsi que la niche du tympan, renfermer des figures. Au sommet de l'ogive est un ange aux ailes éployées, tenant un écusson.

Un attique en arcature complète cette décoration, qui est d'un bon effet. Des traces de peinture et de dorure se remarquent encore dans plusieurs parties de l'ornementation.

La porte en bois est dans le style du XVe siècle, et d'un travail très-finement exécuté. La sacristie est voutée de deux croisées d'arêtes à nervures, dont les gorges sont peintes en rouge, et les amorces, aux armes de Jacques Cœur et de sa femme; les mêmes armes sont aux clefs des voûtes.

Les verrières, dont il ne reste plus que la partie supérieure, présentent des dais d'une grande richesse ; les panneaux des bas-côtés ont été enlevés. Parmi les personnages qu'ils représentaient, *Lathaumassère* dit qu'on voyait « Jacques-Cœur et sa femme. » Au-dessus, dans la partie flamboyante, se voient encore à gauche, ses armes, (mi-parti Jacques Cœur et Léopard), à cause de *Mace Léopard*, sa femme, avec sa devise : « *à vaillant cœur riens impossible.* » Dans la partie à droite, les armes de Jacques Cœur effacées, et les lettres R G qui se retrouvent également aux nervures. Près du sommet de l'ogive, un écusson, avec un philactère sur lequel on lit :

Ci est l'escu ou Dieu la liz ā cra	Et l'envoya au noble roy de Frāce
L'auge aporta l'ampole d'ex-	A Saint Remi qui à Rains le
[cellance]	[sacra]

A droite et à gauche, sur les murs latéraux, sont d'autres verrières également dégarnies de leurs vitraux, remplacés par du verre blanc.

Un autel avec chappier, un lambris de hauteur

divisé en 15 armoires d'une menuiserie richement sculptée dans le style Louis XV, complètent le mobilier et la décoration de cette sacristie.

Dans un contre-fort, près de la porte d'entrée, est un petit escalier à vis fermé par une porte en fer ; il conduit à une salle située au-dessus ; laquelle est voûtée par 2 croisées d'arêtes, dont les clefs sont ornées des armes des Cœur Cette salle était éclairée par des fenêtres à meneaux, à l'orient et à l'occident. On voit les armes de Jacques Cœur et de son fils, Jean Cœur, archevêque. désigné par la crosse et l'absence des coquilles sur la fasce ; enfin l'écusson, mi parti de France et d'Anjou, et celui de France. Sur le mur au fond, est un autel sur lequel on a peint un retable.

Nous n'avons rien à dire de la sacristie de la paroisse, sinon qu'elle est située dans le bas-côté sud, entre la chapelle des *Tullier*, et l'escalier qui descend à l'église souterraine.

SALLE DU CHAPITRE.

La salle du chapitre, à laquelle on accède par quelques marches, est située à droite, près du portail de Notre-Dame de Grâce. Elle est voûtée de deux croisées d'arêtes avec clefs armoiriées ; les retombées de l'arc doubleau sont supportées par des consoles sculptées, représentant le roi David, à gauche, et Moïse, à droite. Les quatre autres sont supportées par des figures portant des philactères ; le vitrail au nord, est divisé par trois panneaux représentant le martyre de saint Etienne ; le haut, fort endommagé, laisse voir un concert d'anges ; le vitrail à l'est, est également divisé en 4 panneaux dont l'état de détérioration ne laisse plus apercevoir que quelques traces de bordures coloriées.

Au-dessus de cette salle, et du portail de Notre-Dame-de-Grace, il règne un étage distribué en deux pièces. C'est là que se trouvait, avant l'incendie de 1559, l'atelier des brodeurs. Aujourd'hui, la première pièce sert de dépôt au chapitre ; la seconde, plus grande, est fermée par une grille en fer ; c'est là qu'était autrefois le *Chartrier*, dont il ne reste plus que les armoires et quelques liasses de vieux papiers, rendus au chapitre sous la restauration, et malheureusement livrés, peu de temps après, au relieur des livres de chant.

Nous pouvons, sans une transition trop brusque, passer de cette salle, qui renfermait des richesses à jamais perdues pour la science et l'histoire, aux autres trésors que possédait la cathédrale.

TRÉSOR.

Les anciens inventaires du trésor de la cathédrale de Bourges, publiés dans l'histoire du chapitre de Saint-Etienne, font connaître que la métropole des Aquitaines tenait, comme richesses, le même rang qu'elle occupe comme œuvre d'architecture. Nous ne pouvons reproduire, dans le cadre que nous nous sommes tracé, cette énumération de chefs-d'œuvre malheureusement détruits, nous rappellerons seulement quelques détails propres à faire connaître de quel prix ce trésor fut longtemps, aux yeux du chapitre, jusqu'aux temps malheureux où les guerres civiles, après elles, les caprices de la mode, et enfin la suppression du culte catholique commencèrent et achevèrent sa destruction. A part quelques vases sacrés en vermeil, les garnitures d'autel, en même métal, pour les grandes solennités, et les ornements brodés que possède encore la cathédrale ; ce qui forme son trésor aujourd'hui ne mériterait guère ce titre pompeux.

Longtemps le trésor a été renfermé dans des armoires disposées à cet effet dans le sanctuaire ; ce ne fut que plus tard qu'on l'a transféré dans la sacristie, quand on détruisit l'ancien chœur (1757). Les armoires étaient fermées par trois clefs remises à trois membres du chapitre.

Les gardiens appelés *coutres* avaient une chambre dans le chœur, à côté de l'armoire aux reliques. Le chapitre faisait souvent renouveler les inventaires. En 1439, il commet deux chanoines pour visiter les reliques, joyaux, livres et vêtements sacerdotaux. Le 5 septembre 1468, il ordonne de dresser un état des chappes et ornements ; en 1511, il fut statué que les croix, ornements, calices, chappes, etc ne sortiraient plus de l'église sans la permission expresse du doyen (1).

Une bulle du pape fait la même défense (2). Un inventaire général est établi en 1537 ; il est renou-

(1) *Actes capitulaires*.
(2) *Archives du chapitre*.

velé le 11 septembre 1662, en 1667-1669, et dans le XVIIIe siècle. Celui de 1537 est imprimé en entier dans l'histoire du chapitre de Saint-Etienne ; il est complété par des extraits des deux autres, contenant les objets les plus remarquables dont le trésor s'est enrichi depuis la première moitié du XVIe siècle.

Le premier article de cet inventaire fera suffisamment connaître quelle était la richesse de ce trésor :

« 1º Un grand chef d'argent doré, vêtu en diacre,
« représentant saint Etienne, ayant un diadème, au
« milieu duquel il y a un fermilloy, garni d'es-
« maux, de plicques et pierreries de diverses cou-
« leurs et perles ; y ayant audit diadème deux files
« de perles de grosse semence, qui a été donné à
« l'église de Bourges par Odon, évêque de Paris
« (Eudes de Sully) ; dans l'orfroy, proche le col, il
« y a huit pièces d'émail, entre lesquelles s'est trou-
« vée une améthyste gravée, un cabochon d'aigue-
« marine, un cabochon de rubis, un autre d'éme-
« raude carrée, un autre cabochon d'aigue marine;
« au milieu, il y a un gros cabochon de rubis, posé
« sur une croix où il y a trois perles au bout de
« chaque croison, qui font douze en tout, et deux
« pierres d'émaux à costé, en forme de croix. Sur les
« espaules s'est trouvé neuf pièces d'émail sur cha-
« cune, et entre lesdits neuf émaux, il y a quatorze
« chatons de rubis et d'aigue-marine, dont il y en
« a une grande sur laquelle est gravée la figure d'une
« croix, et celle de l'autre côté qui lui est opposée
« est toute unie. Autour du bas de ladite figure, il y
« a quatorze pièces d'émail, trois cabochons de sa-
« phir, trois cabochons de grenat ; en haut du chef

« est un cristal rond et une partie du crâne de saint
« Etienne, premier martyr; et derrière ledit dia-
« dême, il y a deux gros rubis carrés, l'un au mi-
« lieu, l'autre au bas. Ce joyau avait été longtemps
« porté. Les nu-pieds d'argent doré, vendus plus
« tard par le chapitre. »

Ce magnifique reliquaire avait été fait, en 1476, par Pierre de Chappe, orfèvre, par ordre du chapitre.

Bien d'autres joyaux attiraient encore l'admiration : *chefs, châsses, bras, calices, missels couverts de pierreries ; les vêtements sacerdotaux les plus riches, les plus historiés ; les précieux dyptègues*, envoyés à Clovis par le consul Anastase. Tout cela, et des reliques vénérées, attiraient de nombreux visiteurs, dont les offrandes formaient un des revenus de l'œuvre.

Mais ces objets d'art et de matières précieuses étaient exposés à bien des causes de destruction : d'abord les caprices de la mode qui exerce son empire jusque sur les objets sacrés. Souvent il arrivait que les joyaux que le chapitre trouvait « trop à
« l'antique » étaient détruits pour les pierreries être
« montées à la fasson nouvelle. » Les actes capitulaires nous ont révélé bien des faits de ce vandalisme.

Le chapitre vendait aussi des bijoux pour payer des décorations au goût nouveau.

C'est encore plus triste à dire ; mais le chapitre vendit plus d'une fois des joyaux, tapisseries et ornements pour payer le revenu des prébendes canonicales, lorsque quelqu'événement rendait les revenus insuffisants pour les acquitter (notamment en 1562 et en 1768 (1).

Il faut encore mentionner les ravages causés par les protestants, pendant les guerres religieuses qui désolèrent le XVIe siècle, notamment en 1562. Le comte de Montgommery eut, pour sa part, 651 marcs pesant, des débris *de châsses*, *reliquaires*, *vases sacrés*, etc.

RELIQUES.

Parmi celles qu'on montre aux fidèles, il se trouve plusieurs objets curieux qu'on dit avoir appartenu à saint Guillaume, entre autres une sorte de camisole en étoffe de laine, très-grossière, et d'une dimension telle, qu'elle donne du personnage qui l'a portée une idée colossale ; une chaussure en cuir doré est également conservée, comme ayant appartenu au saint archevêque ; la semelle, dont l'intérieur est au siége, n'a pas moins de 0,06c d'épaisseur. Cette chaussure ressemble assez à des mules ; elle est, du reste, comme dimension, en rapport avec la camisole.

On prétend qu'une autre chaussure, qu'on montre, a appartenu à saint Austrégésile. Celle-ci est en velours cramoisi ; la partie du devant forme des crévés ; il y a une petite bride avec boucle pour l'attacher sur le coup de pied. Mais l'authenticité de cet objet nous semble bien hasardée : saint Austré-

(1) *Actes capitulaires.*

gésile étant mort en 624, l'étoffe et la forme de cet objet paraissent appartenir à une époque plus récente.

Il est une autre curiosité d'un incontestable intérêt, sinon artistique, du moins historique. C'est un masque ou chef de *sainte Jeanne*, fille de Louis XI, et femme divorcée de Louis XII. Ce masque est en carton peint ; il a été moulé sur nature, après la mort de la princesse, qui eut lieu en 1505, à Bourges, où elle s'était retirée et avait fondé un ordre de religieuses, sous le nom des Annonciades, dont elle suivait la règle sans en avoir pris l'habit. Ce chef est exposé publiquement, le 4 février de chaque année, avec d'autres reliques. On conserve enfin un soulier qui a appartenu à la même personne. C'est celui qu'elle portait pour atténuer la difformité dont elle était atteinte (elle avait une jambe plus courte que l'autre, ce qui la rendait boîteuse). Nous avons décrit plus haut un tableau qui la représente (1)

MOBILIER.

Tout en constatant que le mobilier de la cathédrale n'était pas en rapport avec la somptuosité de l'édifice, nous avons dit que de bonnes tendances, suite du progrès archéologique, se manifestaient déjà dans les derniers travaux de décoration, et

(1) Sur l'autel de la chapelle de la Trinité. Voir page 113.

qu'il ne fallait que persévérer dans cette voie, pour qu'avant peu cette partie intéressante des édifices religieux fût en harmonie avec eux.

La nouvelle chaire à prêcher est une preuve qui vient témoigner de cette heureuse direction imprimée à la décoration et à l'ameublement de la cathédrale. Sans être irréprochable dans ses détails, qui n'ont pas toute l'unité désirable, son motif et son aspect ne manquent pas d'originalité, mais peut-être d'importance ; car elle gagnerait certainement à être placée dans un monument moins vaste. C'est, du reste, une inspiration lointaine du *baptistère de Pise ;* comme cette dernière, elle est octogone, isolée, avec un escalier droit, qui monte derrière. Seulement à Pise, elle est en marbre, avec huit colonnes pour supports ; ici, elle n'est qu'en bois, et une seule colonne porte le pendentif sur lequel elle repose. Cependant il manque peu de chose à cette œuvre, dont les dessins ont été fournis par M. Dumoutet, statuaire, pour qu'elle soit bien.

Quant à l'exécution matérielle, elle prouve que nos ouvriers d'aujourd'hui ne sont pas inférieurs à ceux d'autrefois, et que, bien dirigés, ils pourraient non-seulement atteindre leur perfection, mais encore la dépasser.

Il existe une demi-douzaine de bénitiers ; mais pas un n'offre de l'intérêt au point de vue de l'art ; un seul, sous le rapport historique, peut en présenter. Il est à gauche de la grande nef, en entrant, adossé au gros pilier ; il est en fonte, avec 2 anses à anneaux tors, et repose sur un fût en pierre, octogone, à base du XVe siècle.

Sur la moulure du haut sont des lettres gothiques; au milieu, les armes des ducs de Bourbon.

Non loin de ce bénitier, on voit une horloge monumentale, du genre de celles que le moyen-âge nous a léguées, et telle qu'il en existait dans presque toutes les cathédrales, avant que l'usage ne se fût propagé de les placer au dehors des édifices. Celle-ci, après avoir été successivement placée sur le jubé, et dans d'autres endroits du monument, a été confinée dans la partie la plus obscure de l'édifice, sous la tour neuve. Elle est élevée sur un socle uni, et forme deux étages surmontés d'un comble, au-dehors duquel est placé le timbre. L'ensemble affecte l'aspect d'une tour carrée, flanquée de contre forts; l'étage supérieur présente, sur une de ses faces, un cadran marquant les heures; l'étage inférieur présente également un cadran multiple de combinaisons très-compliquées, indiquant, outre l'heure, les jours, les mois, les phases de la lune, etc.

Il existe peu de documents sur ce petit monument; on trouve seulement dans le compte de sa construction (1423), qu'il a été fait par Jean Furoris, et qu'il était placé sur le *pulpitum* (le jubé).

Il nous reste à parler du meuble le plus important qui se voie dans la cathédrale, de l'orgue.

Actuellement, il est placé au-dessous de la rose, et au-devant de la grande verrière de la nef, qu'il masque en partie. La disposition architecturale du grand jeu présente cinq tourelles saillantes, reliées entr'elles par des intervalles lisses; le positif, placé en avant du grand jeu, ne présente que trois tourelles, formant saillie au-dehors de la balustrade, qui est supportée par un encorbellement, terminé par une arcature pendante; cette disposition est appuyée, à droite et à gauche, par des tribunes circulaires qui renferment la soufflerie, supportées par des pendentifs. Toute cette décoration repose sur une pièce de charpente transversale, moulurée, et ornée d'animaux fantastiques, dans le style du XVe siècle. Cette charpente a dû appartenir au système de soutenement de l'ancien orgue; car le style de celui qu'elle porte aujourd'hui est la Renaissance très-avancée, notamment pour l'appui et l'encorbellement; tandis que le style du grand buffet et du positif est encore plus moderne; il appartient au XVIIe siècle, d'où il faut conclure, par ce mélange de plusieurs styles, qu'on a dû utiliser plusieurs parties de l'ancienne menuiserie, qui avaient échappé à l'incendie de 1559.

Quoi qu'il en soit, l'aspect est satisfaisant; les grandes lignes s'agencent bien; elles ont été disposées avec adresse, pour épouser la forme de la rose et la découvrir autant que possible; mais on ne peut s'empêcher de regretter l'ancien usage, qui plaçait cet instrument dans un des transepts ou dans le bas-côté, avant qu'il n'ait pris l'extension qu'on lui a donnée depuis. On doit le regretter d'autant plus vivement ici, que le bas du fenêtrage, qu'il dérobe à la vue, est décoré d'une élégante arcature très-riche, de moulures et de sculptures

L'orgue que nous voyons est l'œuvre de Guy Joly, qui mourut avant de l'avoir terminé, et de Cauchois qui lui succéda; il fut terminé et reçu en 1667.

Voici les renseignements que nous avons recueillis sur les orgues anciennes :

Elles étaient placées dans le bas côté du nord, à la hauteur de la porte du chœur, entre le 8e et le 9e pilier. On y arrivait par l'escalier qui mène au dessus du portail de Notre-Dame de Grâce.

Lorsqu'en 1506 la tour septentrionale de la cathédrale s'écroula, l'ébranlement et la poussière durent déranger les orgues ; les chanoines Copin et Dubreuil furent commis avec Guichard, organiste, pour la reconstruction des orgues, avec l'argent destiné à la Tour Neuve, et deux mois après, il est décidé que si l'argent manque, on prendra celui qui est destiné à la réparation des chappes. (1).

En 1540, une nouvelle réparation est faite par Leclerc, organiste, qui meurt ausssitôt après. Sa veuve reçoit 103^l, prix stipulé, après que les orgues ont été visitées par Everat, organiste appelé exprès de Paris.

La réparation est reprise par Mrs Franç. Hurtet et Rondet Portier, organistes, — et leur est payée 30 écus soleil ; l'organiste du chapitre, Clément de Beaumont reçoit 60 sols pour les avoir aidés.—Après quoi, tous les organistes de la ville sont convoqués par le chapitre « pour savoir si les d. orgues estoient « bien. » Le maître d'œuvre leur donna un gouster qui coûta 11 sols. (2).

En 1542, nouvelle réparation par Gabriel Bruant, moyennant six ducats.

Le grand incendie du 18 mai 1559, détruisit complètement les orgues. — Le 22, le général des finances Bohier, consigna en ces termes, dans son pro-

(1) *Act. capitulaire*.
(2) *Comptes de la Tour Neuve 1540*.

cès-verbal, le dire des experts présentés par le chapitre, messire Jehan Grillon, organiste, et maître des enfants de N.-D. de Salles, Me Vincent de Montonvilliers, organiste de la Sainte-Chapelle du Palais Royal de Bourges, et Symon Joly, organiste de Saint-Étienne.

« Après que les dits Grillon, Montonvilliers et
« Joly ont dit estre aagés, assavoir, le d. Grillon de
« 62 ans, le d. de Montonvilliers de 37 ans, et le d.
« Joly de 35 ans, avons d'eutx prins et receu le
« serment au cas requis, de bien et fidèlement visiter
« les ruynes et dégats du d. feu estant es d. orgues,
« et nous rapporter pour quelles sommes de deniers
« elles pourroient estre reffaictes et mises en l'estat
« qu'elles estoient auparavant, ce qu'ils ont promys
« et juré faire. » Les experts se rendirent sur les lieux, ne trouvèrent plus que des débris informes, et déclarèrent que ces orgues, estimées les meilleures de tout le pays, ne pourraient être refaites pour moins de dix mille livres.

Nous n'avons pu trouver aucun détail sur la reconstruction des orgues, à la suite de ce désastre.

En 1588, il est payé à Me Blaise Bonneau, organiste de la Sainte-Chapelle, suivant le marché fait en la présence de Messieurs, « pour raccoustrer les
« orgues de l'Église, où il a vacqué l'espace de huit
« jours, la somme de 10 livres. »

En 1603, le 4 août, il est donné à l'organiste de Cosne, mandé exprès pour voir accomoder l'orgue par Me Jean Jullon, qui a demeuré dix jours en son voyage, 8^l 10^s.

En 1609, restauration par Joly, facteur d'orgues, au prix de 725^l. On donne 100^l à deux facteurs appelés de Poitiers, pour recevoir le travail de Joly.

En 1616, à Jacques Senot, facteur d'orgues, pour réparation des orgues, 1426^l.

Le 17 septembre 1663, Prudent homme, Guy, Joly, M° facteur d'orgues demeurant à Paris, fit pour le chapitre le devis de la construction d'un orgue de 16 pieds, neuf, et s'engagea à le faire en deux ans, pour le prix de 7500^l.

Le 26 du même mois, Bernard Perrette, menuisier, entreprit pour 800^l la menuiserie, sculpture et ferrure. Le grand buffet devait avoir de hauteur, depuis le plancher du jubé jusques à la corniche, dix pieds, et avoir la profondeur de quatre pieds, de dedans en dedans. — Le positif, est-il dit au devis, aura, de dehors en dehors, deux pieds neuf pouces ; ses pilastres seront de trois pouces de large, — le tout de chêne bien sec, garni de ses ferrures ; — Perrette fournira tout ce qui est nécessaire pour tenir les tournelles, et pour affermir le positif par haut et par bas, en sorte qu'il soit suffisamment arrêté et supporté. — Tous les vieux matériaux appartiendront à l'entrepreneur, sauf le couronnement de bois du vieux buffet, qu'il sera tenu poser où Messieurs voudront. — Les gros culs-de-lampe anciens demeureront en estat que est celuy du costé de la Tour Sourde.

Joly mourut sans avoir pu terminer les orgues, et le 3 décembre 1664, Pierre Cauchois, M° facteur demeurant à Paris, prit son lieu et place.

L'orgue de Cauchois fut reçu le 23 septembre 1667, par André Adiet, chanoine et organiste de

Châlons, Mᵉ Nicolas Lebègue, organiste de Saint-Médard, de Paris, Mᵉ Étienne Senot, organiste et facteur d'orgues de Paris, Mᵉ Pierre Baillon, facteur d'orgues.

Au mois de juin 1741, Nicolas Collas, facteur d'orgues, entreprit une restauration complète des orgues de Cauchois, pour le prix de 3500ˡ.

En 1771, on s'aperçut que l'orgue avait baissé de 3 pouces; il fallut le consolider; les chanoines d'Aubigny et Aubert furent chargés de le faire consolider. Ils étudièrent, à cette occasion, un projet de restauration auquel il ne fut pas donné de suite.

Le 5 décembre 1791, le Conseil du département du Cher, décida que l'organiste serait conservé et recevrait 800ˡ de traitement.

Plus tard, Pierre Anastase Torné, évêque de la métropole du centre, fit un rapport « sur les moyens de pourvoir aux frais du culte, relatifs à l'église métropolitaine. » Il y proposait la suppression d'un grand nombre d'articles de dépenses, et quant aux orgues, s'exprimait ainsi :

« L'organiste ni son souffleur, si je ne les consi-
« dérais que comme remplissant d'harmonie les
« voûtes d'un temple consacré à un Dieu qui dédai-
« gne nos faibles accords, ils n'obtiendraient cer-
« tainement pas mon suffrage ; mais considérés
« comme des relais de nos chantres, qui leur don-
« nent le temps de reprendre haleine, je penche à
« les inscrire dans l'état des frais du culte. Mais
« j'ai de la peine à me décider : car enfin, pourquoi
« des chantres rendraient-ils nécessaire ce secours
« factice, en chantant à tue-tête les louanges de

« Dieu, qui ne les entendrait pas moins, ni leur
« seroit moins propice quand ils lui parleraient sur
« le ton de la simple et modeste psalmodie ? A voir
« leurs poumons rivaliser avec les soufflets de l'or-
« ganiste, et leurs gosiers se torturer pour descen-
« dre au ton grave de la pédale, ou s'élever au ton
« aigu de la flûte, et toujours avec des efforts de
« voix étonnants, ne dirait-on pas qu'ils croient
« invoquer une divinité sourde, ou qu'ils ont ac-
« cepté sérieusement le défi fait autrefois par un
« prophète aux prêtres de Baal.

« Oui, sans doute, il faut un orgue à ces voci-
« férateurs impitoyables pour donner de fréquents
« repos à leur tonnante poitrine ; mais il est une
« meilleure manière d'en guérir les excès bruyants :
« retranchez l'orgue auxiliaire de ces crieurs d'é-
« glise, et bientôt ils sauront bien ménager leur
« organe. »

« Ici, je crains le reproche de barbarie ; je crains
« de donner lieu aux malveillants et aux fanatiques
« de calomnier une révolution protectrice des arts,
« en lui imputant d'en dédaigner les monuments.
« Un orgue, dira-t-on, en retenant dans cette
« ville un maître de musique, peut ajouter cette
« partie intéressante à l'éducation des enfants. C'est
« ainsi que le fanatisme essaie en cette occasion de
« se couvrir de l'égide des beaux-arts. Eh bien !
« je vais, non sans remords, composer ici avec le
« fanatisme ; mais ce sera, je le jure, pour cette fois
« seulement. L'organiste restera, si vous le trouvez
« bon, citoyens administrateurs, mais il ne touchera
« l'orgue qu'aux fêtes les plus solennelles. Ce sera

« tout au plus cinq ou six fois dans l'année ; et par
« une conséquence nécessaire, vous réduirez à moi-
« tié son salaire et celui du souffleur ; la superbe
« basilique gagnera ainsi un revenu de 418[l].

L'orgue fut donc conservé. Plus tard, il servit aux fêtes des théophilanthropes. Enfin, en 1819, l'orgue a été remis à neuf par M. Dallery. Ce travail coûta 20,000 francs.

OBJETS D'ART.

Quant aux objets d'art qui sont censés décorer l'intérieur du monument, l'inventaire n'en saurait être long, car ils sont peu nombreux. C'est d'abord un tableau du martyre de saint Etienne, placé au-dessus de la porte correspondant au portail où la vie de ce saint est reproduite en sculpture. Cette œuvre de l'école moderne renferme d'assez belles parties, comme études d'atelier ; mais le sentiment religieux est tout-à-fait étranger à cette composition, dont le dessin et le coloris méritent des éloges. Ce tableau est signé *Mauzaisse*, 1824.

En regard, au-dessus de la porte correspondant au portail de la Vierge, est un tableau de M. Champmartin, dans lequel l'artiste a voulu, sans doute, représenter le Massacre des Innocents ; mais il faut convenir qu'il n'est parvenu à reproduire qu'une course de chevaux. Cette œuvre, qui renferme des qualités comme peinture profane, serait parfaitement placée dans un hippodrome ; mais ici !...

Nous passerons sous silence un Chemin de Croix,

en quatorze petites toiles plus mauvaises les unes que les autres ; mais nous dirons qu'il serait préférable de les remplacer par de petits bas-reliefs en pierre, qui s'harmoniseraient mieux avec l'ornementation lapidaire, et surtout avec la dignité du lieu.

Le modèle en plâtre d'un Christ en croix, plus grand que nature, attire l'attention, à l'extrémité occidentale de la basse-nef du sud. C'est là un magnifique sujet à traiter pour l'art plastique ; car c'est le moment suprême de la Rédemption, où l'Homme-Dieu accomplit son divin sacrifice ; on comprend toute la poësie esthétique que comporte un tel programme. M. Dumoutet, l'auteur de cette œuvre, a trouvé d'heureuses inspirations ; la tête rend bien l'expression d'une souffrance qui n'est pas seulement celle de l'homme martyr, mais encore celle du Dieu qui accomplit sa mission régénératrice. Peut-être manque-t-il un peu d'affaissement dans les chairs.

Enfin, pour terminer, nous voudrions ne pas avoir à consigner qu'il existe encore, au nombre des objets dits d'art, une croix en fer, véritable travail de forgeron ; elle est placée dans le collatéral du nord. Cette croix de mission, dont l'origine est toute moderne, a subi déjà bien des déplacements : érigée en 1817, sur la place Saint-Ursin, elle en fut renversée, le 2 novembre 1830, et transportée dans la cathédrale, ainsi que l'indiquent plusieurs inscriptions qui la décorent.

Malgré les vicissitudes que cette croix a déjà éprouvées, nous émettrons le vœu qu'elle soit déplacée une dernière fois ; mais que ce soit pour retourner chez le serrurier, qui pourra, grâce aux progrès faits dans l'art religieux depuis 1817, lui donner une forme moins vulgaire, ou, tout au moins, d'un caractère plus conforme au style du monument qui doit la recevoir.

CHAPITRE IX.

INCENDIES, DÉSASTRES.

VANT de nous occuper de l'Iconographie des verrières, et de la Statuaire qui rehaussent si bien l'éclat de notre Cathédrale ; il nous reste à parler des désastres de tous genres qu'elle a éprouvés à diverses époques. Ce furent d'abord des incendies qui, plus d'une fois, ont été sur le point de la détruire en tout ou en partie, et dont plusieurs ont laissé des traces encore visibles, que nous avons signalées dans le cours de cette notice.

Puis, ce sont les guerres religieuses, qui amenèrent, à leur suite, les ravages et les dévastations des protestants. Enfin, la révolution de 93 lui a porté un coup plus irréparable encore, en anéantissant, pour toujours, les immenses richesses que renfermaient son trésor et son cartulaire. Commençons par les incendies ; le plus ancien sur lequel nous avons trouvé quelques renseignements, remonte au commencement du XIVe siècle.

Dans un obituaire conservé aux archives, nous lisons qu'au 23 juin, sous le pontificat de saint Philippe (1313), « un incendie, qui détruisit une partie de la ville, fit craindre pour Saint-Etienne. »

En 1497, dit une note manuscrite d'un registre du chapitre « in festo S. Ludovici, regis Franciæ,
« paulò post septimam horam matutinam, fulmen
« irruit in sacellum savatoriense, per campanile,
« deindè per ostium testudinis, suprà locum in
« nave ejusdem capelle in quo sacra lipsana fide-
« lium osculis libanda exponebantur — portam cho-
« ralem transvolavit, lustravit majus altare et cho-
« rum ; mille tamen damno illato, et quò tamen
« evaserit, nescitur. »

Après la chûte de la tour septentrionale, le Roi avait accordé au chapitre un droit sur les gabelles, pour subvenir à la reconstruction de ce qui venait de s'écrouler. — Cette subvention devait cesser avec les derniers travaux. En 1556, il en demanda la continuation au roi, qui ordonna, par lettres-patentes du 5 juin 1556, à Antoine Bohyer, trésorier de France et général de ses finances en la généralité de Languedoil, établie à Bourges « d'informer des
« ruynes et réparations qu'il convient et est néces-
« saire faire en la d. esglise. »

Le trésorier général procéda à la visite de l'église, assisté de jurés dont l'avis est consigné dans son procès-verbal du 4 août 1556.

Le résultat de cette enquête, fut l'octroi de 8 deniers t^s sur chaque minot de sel vendu dans les généralités de Bourges et de Moulins, pour 9 ans.

Le 16 mai 1559, un violent incendie vint rendre de nouveaux secours nécessaires. Nous laisserons parler le procès-verbal dressé à la requête du chapitre :

« L'an 1559, le 19 may, par devant nous, messire
« Lois de Chazerat, chevalier, seigneur du Riz,
« bailly et gouverneur de Berry, et Jacques Jobert,
« seigneur de Suppize, conseiller du Roy nostre
« sire, lieutenant général audict bailliage, sont com-
« parus les vénérables Doyan, Chanoynes et Cha-
« pitre de l'esglise de Bourges, par Mes Jehan Bi-
« dault, doyan d'icelle esglise, Jehan Crenequin,
« archidiacre en icelle, Guillaume Houet, Robert
« de Cambray, Claude Girard, Pierre Seurrat l'esné,
« Jacques Girard, Pierre Seurrat le jeune, Jehan
« Carton et Pierre Péronneau, chanoynes de la d
« esglise. Lesquels nous ont dict que mardy dernier,
« seizième des d. moys et an, est survenu inconvé-
« nient et incendie de feu en la d. ville de Bour-
« ges, entour l'heure de onze heures du seoir, et a
« commancé en la maison appartenant à la d eglise
« que tient par adeeuse ung nommé Michel Thou-
« ron, paticier au d. Bourges, en laquelle pend par
« enseigne le *huaulme d'or* scituée en la grande
« rue de *Bourbonnoux* près les grandes Escolles,
« en la paroisse de S. Ursin, en laquelle maison le
« feu s'est prins en une estable étant sur le derrière
« de la d. maison, remplie de foing, paille, boys,
« fagots et autres menues choses estant près et

« joignant les anciens murs de la cité de Bourges,
« et dudit lieu continuant le feu par ung des cous-
« tés et contrebas tirant vers la porte *Gordaine*, s'est
« prins en la maison de feu Estienne Hard; et de
« l'aultre cousté, le feu tirant vers la d. esglise et
« les grandes escolles, a brulé jusques une des tours
« des d. murs anciens de la d. cité, et a brulé la
« maison à feu Marc Guérin et une maison cano-
« niale de la d. esglise sur les anciens murs et
« audedans du cloistre, depuis la d. tour jusques au
« portal du cloistre estant près les grandes escolles,
« et joignant la maison du grand archidiacre de
« la d. esglise. — Pendant et durant lequel incon-
« vénient de feu regnoit le vent de *gallerne*, lors
« fort grand et impétueux, de sorte que du lieu où
« estoit le d. feu qui est de peu de distance jusques
« à la d. esglise le feu estant par l'impétuosité du d.
« vent eslevé par dessus la maison du d. archidia-
« coné estant près et joignant la d. esglise et entre
« icelle et des lieux où estoit le feu embrasé, se
« seroit le feu geeté attaché et pris à la couverture
« des premières voultes de la d. esglise près et joi-
« gnant la tour neuve, depuys lequel lieu s'est le feu
« contynué et discouru tout à l'entour des dites pre-
« mières voultes, jusqu'au portail et entrée de la
« maison archiépiscopale de la d. esglise de Bour-
« ges. Desquelles basses voultes de la d. esglise
« n'est demeuré à consumer et à brûler que douze
« ou quinze toyse depuis la d. porte archiépisco-
« pale, jusques à la tour antienne faisant l'aultre
« bout de la d. eglise.

« Au-dedans desquelles premières voultes et du

« costé près et au-dessus de ladite maison archidia-
« conalle de Bourges, et près le feu, estaient
« édifliés et construicts l'un des portals et entrées
« de ladite église, vulgairement appelé le portal de
« *N.-D.-de-Grâce*, sur lequel estaient édifliée et assis
« les orgues de ladite esglise; lesquelles ont été en-
« tièrement bruslées et consommés, tant hors que
« dedans ladite esglise, sans en pouvoir saulver
« aucune chose.

« Oultre estait édifié près et joignant ledit portal
« ung beau et sumptueux édiffice, auquel estait le
« chapitre de ladite église, voulté, sur lequel estait
« une grand salle en laquelle besongnaient ordinai-
« rement les *brodeurs* de ladite église, pour faire et
« réparer les ornements, chappes et parements
« d'icelle, tout lequel bastiment et jusques à ladite
« voulte du chapitre a esté entièrement consumée,
« ensemble *les ornements, brodures, soyes, es-*
« *toffes, chappes, estant de drap d'or et de soye*,
« et austres choses tenant audict estat de broderie,
« montant à grand somme de deniers.

« Et en la seconde voulte de ladicte esglise, le feu
« a tellement contynué, venant de la d. première
« voulte, qu'il a brûlé et consommé ladite seconde
« voulte jusques à la chapelle de Reims (1), conte-
« nant ce qui a esté bruslé de la seconde voulte,
« plus de la tierce partie de la couverture d'icelle
« et à l'endroict des lieux et maisons où s'estait
« pris le feu.

(1) Il faut ici, comme plus haut, entendre la *couverture* de la seconde voûte.

« Aussi a esté bruslé le chapiteau et couverture
« estant sur une vis de pierre sur le portal de de-
« vant de ladite esglise, entre les deux tours sur le-
« quel antiennement estait assis le gros orloge de
« ladite ville qui est à présent sur la tour neufve,
« et ce par le moyen dudit vent qui a geeté et tiré
« ledit feu sur ledit chapiteau, au moyen duquel
« inconvénient et impeetuosité sont et ont esté
« démolys, ruynés et gastés grand quantité de
« vittres de ladite esglise, fort riches et anticques,
« à l'endroict desdites premières et secondes voultes,
« ensemble les quartiers de pierre qui supportaient
« le boys de la charpenterye et couverture desdites
« premières et secondes voultes, et a esté la d. dé-
« molition et ruyne si véhémente qu'il n'a esté pos-
« sible saulver ni réserver aucun plomb, vittres
« ne aultres estoffes desquelles on se peust aider.

« Et de la d. église s'est prins et contynué le
« feu au portal et entrée de la d. maison archiépis-
« copale dud. Bourges, estant près la d. esglise,
« sur lequel portal estait ung bastiment et corps de
« maison joignant icelle, lesquels ont semblable-
« ment et au même instant esté bruslés et consom-
« més, quelque défense et diligence que l'on aye
« peu faire.

« Nous requérant par lesdicts vénérables de ce
« informer et faire descuté et visitation des lieulx
« et endroicts de la d. église où le feu a passé et
« consommé, avec autres officiers, maire et esche-
« vins de la ville de Bourges et autres bourgeois,
« manans et habitants d'icelle et prendre avec nous
« pour le fait de la d. descente et visitation des

« massons, charpentiers, couvreurs, victriers et
« serruriers, jurés et experts de ladite ville, pour
« nous certiffier de la démolition, ruyne, pérte et
« inconvénient advenus à la d. église par le d. feu,
« et de tout faire ample procès-verbal pour leur
« servir ce que de raison. »

La visite requise par le chapitre, fut faite en présence des magistrats François de l'Hospital, lieutenant au baillage, Jehan Pelorde, Ursin de Sauzay, Guillaume Libault, Jehan de Saulzay, etc., de François Godard, maire de la ville et des quatre échevins, assistés de plusieurs maîtres ouvriers.

Les dits artistes et ouvriers procédèrent à l'estimation des travaux à exécuter ; c'était :

Toute la charpente des premières et des secondes voûtes, à refaire aux endroits où le feu avait passé.

Rétablir les entablements qui servent de galeries pour aller tout à l'entour de la grande nef.

Rétablir une partie des piliers qui reçoivent les arcs-boutans, et les entourer de plombs, pour recevoir les eaux des couvertures, comme avant l'incendie.

Refaire la galerie des basses voûtes.

Reconstruire à neuf, en pierre de Charly, la salle des Brodeurs, et la vis qui était détruite par le feu.

Refaire à neuf la terrasse au-dessus de la chapelle de Reims, et les entablements.

Refaire les entablements, depuis la salle des Brodeurs, jusques à la longueur de 60 toyses, à l'entour de la croupe de l'Église aux premières voûtes.

Refaire deux rangs de pierres de taille, le long des chapelles des basses voûtes, depuis le coin de la Broderie jusqu'à l'archevêché, sur une longueur de 120 mètres.

Refaire à neuf tous les corbeaux qui supportaient la charpente, autour de la croupe.

Reconstruire à neuf quelques parties des basses voûtes.

Reconstruire l'endroit où étaient les orgues, les deux piliers, l'arc-doubleau et la voûte.

Tous ces travaux étaient estimés :

Pour la maçonnerie	70000	Livres.
Pour la charpenterie	20000	Liv.
Pour la couverture	12000	Liv.
Pour la serrurerie	2000	Liv.
Pour la vitrerie	5600	Liv.
Total.	109600	Livres.

Les orgues étaient complètement détruites, et leur reconstruction fut estimée dix mille livres

C'était, pour le tout, la somme énorme alors de 119600 livres.

Plus que jamais, le chapitre avait besoin des secours du roi. — Il les obtint facilement, par lettres-patentes de Henri II. (1).

En 1584, un ouragan causa de graves dégâts, constatés par procès-verbal du lieutenant-général au bailliage de Berry (déc. 1584).

En 1599, on eut à redouter de voir se renouveler le désastre de 1559. Le doyen dépensa « 4ˡ 10ˢ don-
« nés tant « aux artisans qui ont le jour et la nuit
« prins garde du feu dernier advenu en l'église de
« Saint-Jehan-des-Champs, au *bœuf couronné* et
« aultres maisons de la grande rue de Bourbonnoux,

(1) 29 juin 1559.

« de peur qu'il ne prist sur les voultes ou aultres
« endroits de l'esglise, que aulx sonneurs qui ont,
« le jour et la nuit, sonné les cloches pour appeler
« peuple au secours du d. feu et incendie. (1). »

En 1659, un incendie dévora la maison canoniale du chanoine Destu, dans laquelle se trouvait momentanément une partie des archives du chapitre. Un grand nombre de bulles, registres, etc., furent brûlés

Le 2 mars 1699, un incendie menaça encore une fois la cathédrale. Le lendemain, on chanta un *Te Deum*.

Le 31 mai 1726, sur les trois heures avant vêpres, la foudre tomba avec grand fracas sur la tour vieille, entra dans l'église et vint jusqu'au chœur, mais sans occasionner de dégâts, ni atteindre personne. Deux jours après, le chapitre fit chanter un *Te Deum* en actions de grâce (2).

Pendant les guerres de religion, Bourges tenait pour le parti catholique, lorsque le 27 mai 1562, veille de la Fête Dieu, entre 3 et 4 heures du matin, le comte de Montgommery, à la tête de 120 cavaliers huguenots, entra dans la ville. Maître de l'Hôtel-de-Ville et des quatre portes, il s'empara, sans résistance, du cloître de Saint-Etienne. — Le jeudi 28, il fit faire le prêche sur les marches de la cathédrale, et après midi « on commença d'abattre
« les images en bosse avec de gros marteaux de
« fer. » Quelques statues se vengèrent de ces ou-
« trages, et écrasèrent les mutilateurs, dit un his-

(1) *Acte cap^{re} du 23 juillet 1599*
(2) *Archives du chapitre.*

« torien. » Depuis ce jour, on cessa de célébrer la
« messe, et on n'entendit plus que les prédicateurs
« calvinistes : d'Agnon, de Venan, de Durain et de
« Prouyeres. Le mercredi, 2 juin, d'Agnon prêcha
« le premier dans l'église même. »

Le 5 juin, les Huguenots arrêtèrent que les fers, cuivres, plombs et meubles des églises, seraient vendus pour l'entretien de la garnison. Aussitôt, la dévastation commença ; des commissaires furent nommés pour vendre les métaux remis ou déposé à l'église des Carmes. Le 11 juin, le prince de Condé, qui était à Orléans, approuva cette détermination. Le 15 juin, il fut ordonné aux capitaines des quartiers, accompagnés chacun de deux conseillers de ville, « de faire la recherche des reliquaires, cuyvres
« et fers, pour être vendus par les échevins assistés
« des huit députés du bureau ; une proclamation
« ordonna à ceux qui en avaient détourné, de
« les rapporter, sous menace de peine corporelle,
« pour ceux qu'on en trouverait nantis (1).

La cathédrale eut à souffrir plus que toutes les autres églises. La châsse de saint Guillaume fut brisée, les reliques brûlées, et le comte de Montgomery emporta de précieuses dépouilles. Un acte du 15 juin 1562, signé Dubois, notaire à Orléans, constate « que le chef rapporta de Bourges des frag-
« ments de reliquaires pesant 651 marcs, pesés par
« Sébastien Dampmartin, orfèvre, par ordre de
« M° Anthoine Furnée, conseiller du roi, président en

---

(1) *Catherinot*, siége de Bourges.

« sa court de parlement en Bretagne, et commissaire
« en cette partie pour Mgr le prince de Condé (1).

Cependant, beaucoup de choses échappèrent aux spoliateurs. Au mois de mai, le chapitre avait fait cacher une partie des objets les plus précieux ; mais il en fit vendre après le départ des ennemis.

La cathédrale courut encore un danger bien plus grand : les dévastateurs avaient formé le projet de la détruire de fond en comble ; voici comment ils espéraient le mettre à exécution :

Ils sapaient la base des piliers, et remplaçaient la pierre qu'ils enlevaient, par des étançons en bois, auxquels ils auraient mis le feu lorsque la solution de continuité aurait été faite ; heureusement que le peu de temps qu'ils occupèrent la ville ne leur permit pas d'accomplir cette œuvre infernale, dont les traces se voient encore aux gros piliers de la nef, à droite et à gauche du mur-pignon.

Enfin, la Révolution de 93 vint détruire ou disperser tout ce qui avait échappé à tant de causes de ruines, ainsi que les restes du trésor de la Sainte-Chapelle du duc Jean, réuni à celui de Saint-Etienne, depuis 1757.

Toutes ces richesses furent envoyées à la Convention nationale, ainsi que cela résulte du procès-verbal de la séance du 26 brumaire an II. Les camées furent remis à la commission des monuments, les pierres précieuses, déposées provisoirement au comité des inspecteurs de la salle, et les

(1) Fonds S.-Etienne, aff. div., liasse 43. — *Archives du Cher*

métaux, transportés et pesés à la Monnaie. Certificat en fut délivré par le conventionnel Robin, avec le cachet du comité.

Voici une lettre que nous reproduisons, comme chose curieuse à plus d'un titre ; elle est de l'évêque P.-A. Torné

Bourges, le 21 brumaire, l'an II de la République.

L'évêque de la métropole du Centre, aux citoyens membres du Comité révolutionnaire.

RÉPUBLICAINS,

« Ce n'est pas sans regret que, vu le grand nom-
« bre des prêtres de la ville qui viennent dire la
« messe à l'église métropolitaine, la seule qui reste
« dans cette cité, je vous ai représenté que dix ca-
« lices étaient nécessaires, au lieu de cinq que vous
« en laissiez, sur douze qui étaient dans la sacristie,
« journellement employés. Ce n'est pas même sans
« regret, que j'ai vu mon église conserver cinq ca-
« lices, dans un moment où les besoins de la patrie
« demandent la plus grande masse d'argent pos-
« sible.

« Ce scrupule civique m'a fait imaginer un moyen
« de tout sacrifier à la patrie : c'est de faire faire,
« à la verrerie de Boucart (1), des *calices de cristal*,
« colorés en bleu ou violet, et faits sur le modèle
« d'un des calices d'argent, en donnant au pied le
« plus de poids que faire se pourra. Si cette idée

(1) Verrerie du département du Cher, aujourd'hui éteinte.

« vous plait, je la communiquerai à la municipa-
« lité qui fait les fonctions de procureurs fabriciens,
« et je l'engagerai à commander ces calices qui se-
« ront alors au nombre de dix ou douze, et dont
« le prix total ne montera pas bien haut. Au sur-
« plus, je vous préviens, citoyens, que je crains que
« le sacristain ne vous ai fait quelque cachotterie ;
« car, il y a dans la sacristie sept calices au lieu
« de cinq. » Signé, Pierre-Anastase TORNÉ.

Nous ignorons si P.-A. Torné avait imaginé ces calices en verre ; mais il paraît que si cette idée n'a pas eu de suite à Bourges, elle a été mise à exécution ailleurs. M. l'abbé Chambon, curé de Souvigny en Bourbonnais, a découvert, il y a quelque temps, dans la belle église abbatiale confiée à son zèle religieux et à ses soins éclairés d'archéologue, deux *calices en verre*, très-épais, le pied fort lourd, hauts de forme et coloriés en bleu ; il hésitait sur la date à donner à ces vases, et nous les confia pour les examiner. Nous avons reconnu, à la forme, à la nature du verre et à sa fabrication, qu'ils étaient assez récents. Il ne restait plus qu'à expliquer cette bizarrerie ; la lettre que nous venons de transcrire à résolu le problème. Les calices de Souvigny (où il existe encore une verrerie), ont été coulés en 1793, pour remplacer les calices de métal, enlevés à cette époque avec les autres richesses que possédait cette célèbre abbaye.

Un membre du Comité Révolutionnaire avait écrit en marge de la lettre de Torné : « Il sera vérifié
« pourquoi il se trouve un calice de plus dans la
« sacristie, etc. » Mais un autre membre biffa cette

phrase, et écrivit : « Il n'y a lieu à délibérer, sur ce
« que le comité pense que, sous peu, *il n'y aura plus*
« *besoin ni de calice de cristal ni d'argent* (1).

A la suppression du culte, il se trouva, dans le conseil de la commune, un homme qui osa proposer d'abattre la cathédrale pour en vendre les matériaux. M. Desfougères, alors ingénieur en chef du département du Cher, sauva le monument, en établissant dans un rapport, qu'il n'y aurait pas, dans la ville, un emplacement assez vaste pour y déposer ces matériaux ; et que les frais de démolition reviendraient plus cher qu'on ne les vendrait. Sans cette considération, habilement présentée, notre belle cathédrale ne serait sans doute plus aujourd'hui qu'une vaste ruine.

On lit dans le procès-verbal du conseil général de la commune de Bourges, en surveillance permanente : « Séance du 26ᵉ jour, du deuxième mois de la République française, une et indivisible.

L'assemblée formée, le procureur de la commune a dit : « Le citoyen Torné a abjuré la prêtrise, et a
« donné sa démission d'évêque et de curé de la mé-
« tropole ; différents autres prêtres ont suivi son
« exemple ; la société populaire, par l'organe de son
« président, a déclaré, dans sa séance solennelle
« du 25 brumaire, que l'église de Saint-Etienne
« s'appellera, à l'avenir, LE TEMPLE DE L'UNITÉ.
« Ces circonstances, Citoyens, demandent une cé-
« rémonie, celle de l'inauguration de ce nouveau
« temple. En conséquence, je requiers qu'elle soit

---

(1) Pièce originale, *Archives du Cher*.

« proposée au corps administratif et à la société
« populaire. »

Cette proposition fut approuvée à l'unanimité.

Enfin, le 10 ventôse an VI, la cathédrale devint le temple des Théophilanthropes.

CHAPITRE X.

ICONOGRAPHIE

DES VITRAUX ET DES SCULPTURES.

APRÈS avoir esquissé la construction, c'est-à-dire, le côté positif de la Cathédrale, il nous reste, pour terminer la tâche que nous nous sommes imposée, à faire connaître le côté poétique et esthétique que présentent ses vitraux et ses sculptures. Il faut le répéter, les artistes du Moyen-Age, ont su, au plus haut degré, donner à leurs compositions, un caractère de naïveté, un sentiment religieux, qui en feront toujours des modèles, malheureusement trop peu imités par notre époque sceptique. Ils avaient compris que, dans ces temps d'ignorance, l'histoire religieuse et les mys-

tères du dogme se graveraient bien mieux dans l'esprit des fidèles, en les leur présentant par des scènes mises en actions, plutôt que par des descriptions fugitives.

De là, ces magnifiques livres illustrés en pierre, qu'ils exposaient aux portes des cathédrales, et qu'on était, en quelque sorte, obligé de feuilleter, avant d'entrer. De là, ces belles peintures transparentes, qu'ils étalaient sur les verrières intérieures. Quelle éloquente introduction ! quelle sublime péroraison ! Les yeux ne pouvaient s'élever ou s'abaisser, sans rencontrer la Bible, peinte ou sculptée partout.

Reconnaissons-le, il n'y a qu'une foi ardente et des convictions profondes qui puissent produire de telles œuvres, lesquelles développent et entretiennent, à leur tour, ces mêmes sentiments, chez ceux qui les voient et les étudient. On peut donc dire que les Églises du Moyen-Age étaient, non-seulement destinées à la prière des fidèles ; mais encore, à servir d'écoles au peuple. Là, il trouvait consolation pour l'âme, instruction pour l'esprit.

Du reste, il ne faut pas croire que ces compositions peintes ou sculptées, étaient dues au hazard ou au caprice des artistes ; il est certain, au contraire, que des conventions et des principes graphiques existaient et se transmettaient de maîtres à disciples ; sans cela, trouverait-on les mêmes sujets traités d'une manière identique, à de grandes distances, en France, en Allemagne, et en Italie ; en Europe, aussi bien qu'en Asie. (1).

(1) Voir le *Manuel d'Iconographie Chrétienne*, de M. Didron.

Mais revenons à notre sujet, et parlons d'abord des vitraux.

On doit la majeure partie des magnifiques verrières que nous allons décrire, aux diverses corporations de la ville de Bourges, ainsi que l'indiquent les signatures qu'on remarque au bas de plusieurs d'entre elles.

Nous avons donné, avec la description des chapelles des XVe et XVIe siècles, celle des vitraux qui les décorent ; quant à ceux du XIIIe siècle, on sait quelle magnifique publication leur a été consacrée par les P. P. Martin et Cahier ; rien n'y a manqué, ni le luxe de l'érudition, ni celui de la typographie; ils ont ouvert et prodigué leurs trésors de science artistique et archéologique, au point qu'il n'y a plus rien à dire, ni à faire sur ce sujet.

Grâce à ces savants iconographes, nous pourrons mettre les visiteurs de la cathédrale à même de suivre, panneau par panneau, les belles et curieuses verrières du XIIIe siècle, qui contribuent à donner à l'apside un caractère si biblique, et un effet si imposant à tout le monument. Nous commencerons cette revue par la première fenêtre à gauche du rond point, celle qui vient immédiatement après la chapelle de *Saint-Ursin*, en suivant successivement jusqu'à celle de *Sainte-Solange*. Nous remonterons ensuite aux fenêtres qui ornent les moyennes nefs, puis à celles qui éclairent la grande nef. Enfin, nous terminerons par la grande verrière, et la rose du mur pignon.

Disons de suite que toutes ces verrières renferment ensemble 2451 figures de toutes grandeurs, ainsi réparties : pour le XIIIe siècle 1610, pour les siècles suivants 841.

VITRAUX DU XIIIe SIÈCLE.

PREMIÈRE GRANDE CROISÉE.

Lazare et le mauvais Riche.

Ce vitrail est divisé en vingt-un compartiments. Les trois du bas forment ce qu'on appelle la signature; ils représentent la corporation qui a donné le vitrail *(les maçons).*

Au-dessus commence l'*histoire*. Le premier médaillon et un demi-médaillon annexé, à gauche, représentent le mauvais riche faisant construire des greniers pour serrer son abondante récolte.

Dans le demi-médaillon, à droite, Jésus-Christ lui demande à quoi lui serviront ces richesses si, cette nuit, on lui redemande son âme.

Dans la seconde rangée, sont tous les préparatifs du festin.

Dans la troisième, le festin.

La quatrième ligne représente le riche mourant et le démon prêt à saisir son âme; le riche mort et son âme saisie par les diables ; enfin, la mort de Lazare, dont l'âme est accueillie par les anges.

La cinquième ligne montre l'enfer, et le mauvais riche demandant en vain une goutte d'eau ; un diable lui verse dans le gosier de l'argent fondu ; à droite, l'âme de Lazare monte au paradis.

Dans la sixième et dernière ligne, Abraham tient l'âme de Lazare dans son giron, des anges l'encensent, et la main de Dieu, placée au point culminant du vitrail, le bénit.

CHAPELLE DE SAINT-NICOLAS.

La verrière, à gauche, est consacrée à la légende de Sainte-Marie-l'Egyptienne. Elle offre vingt-deux panneaux, rangés sur huit lignes, auxquels on en a ajouté cinq composés de débris des vitraux de la Sainte-Chapelle.

Ces sujets se suivent de ligne en ligne, en commençant par le bas et allant de gauche à droite.

Le premier panneau du bas, isolé, représente la sainte ;

Dans la seconde ligne, elle veut partir avec les pèlerins qui vont adorer la croix ;

3° ligne. — Elle entre dans le temple et s'y met en adoration ;

4e ligne. — Elle va se confesser ; et, avec l'aumône d'un pélerin, va s'acheter trois pains ;

5e ligne. — Elle passe le Jourdain, entre dans le désert, et y reste entièrement nue pendant quarante-sept ans.

6 ligne. — Elle rencontre Zozime qui lui donne un manteau. — Elle se fait donner la communion.— Elle meurt.

7e ligne. — Un lion aide Zozime à couvrir la fosse de la sainte. — Elle est enterrée.

8ᵉ ligne. — Son âme est reçue dans le giron d'Abraham, au milieu de deux groupes d'anges encenseurs.

VITRAIL DU MILIEU.

Légende de Saint-Nicolas.

Le vitrail, en partie détruit, ne présente plus que trois grands médaillons ronds, divisés chacun en six compartiments.

Il se lit en commençant par le bas, en allant de gauche à droite.

1ʳᵉ ligne. — Trois écoliers sont tués, pendant leur sommeil, par leur hôte. — Saint Nicolas les ressuscite.

2ᵉ ligne. — Saint Nicolas apporte, pendant la nuit, de quoi doter trois jeunes filles que leur père allait livrer à la prostitution.

3ᵉ ligne — Trois officiers de l'armée de Constantin sont condamnés à mort. L'un d'eux invoque saint Nicolas.

4ᵉ ligne. — Saint Nicolas apparaît à la fois à l'empereur et au préfet du prétoire, et leur annonce qu'il prend les trois officiers sous sa protection.

5ᵉ ligne — Constantin, instruit des vertus de saint Nicolas, dépêche vers lui les trois officiers pour lui porter des présents

6ᵉ ligne. — Saint Nicolas sauve un enfant tombé dans la mer.

VITRAIL DE DROITE.

Légende de Sainte Madeleine.

Ce vitrail est divisé en 21 panneaux disposés sur 8 lignes qui se suivent de bas en haut.

1re ligne. — Canonisation de Sainte Madeleine.

2e ligne. — Madeleine vient arroser de ses larmes les pieds du Sauveur, à la table du Pharisien, à Béthanie; elle arrose de parfums les pieds de Jésus-Christ.

3e ligne. — Jésus-Christ, Sainte Marthe et Sainte Marcelle, sa servante.

4e ligne. — Sainte Marthe reçoit Jésus-Christ chez elle, et lui prépare le repas. A droite, Marthe se plaint d'être seule abandonnée aux soins du ménage.

5e ligne. — Lazare est malade; ses sœurs font prévenir Jésus-Christ; — Lazare meurt.

6e ligne. — Lazare est mis au tombeau.

7e ligne. — Jésus-Christ arrive dans la maison du mort; Marthe va à sa rencontre.

8e ligne. — Résurrection de Lazare.

DEUXIÈME GRANDE FENÊTRE.

Invention des Reliques de Saint Étienne.

Ce vitrail forme 12 divisions; sept demi-médaillons les accompagnent. La signature des donateurs *(les Fontainiers)*, est placée dans le bas; en tout, 21 compartiments.

Le commencement de la légende a été transposé ; il occupe aujourd'hui le bas du second grand médaillon. C'est la vision du prêtre Lucien, apprenant ce qu'est devenu le corps de Saint Etienne.

Dans le grand médaillon du bas, n° 1, on voit le corps de Saint Etienne, préservé contre les animaux carnassiers. A gauche, la sépulture du saint, à Caphargamala.—Au dessus, Saint Lucien se présente à Saint Jean, évêque de Jérusalem, et lui raconte sa vision. — Dans le demi-médaillon de droite, le solitaire Migétius donne à Lucien des indications pour retrouver le tombeau ; dans le demi-médaillon de gauche, on fouille et on le retrouve.

La suite se trouve au bas du premier grand médaillon.— On retire les reliques du tombeau. — Remontant au deuxième grand médaillon, ou voit, à gauche, les reliques de Saint Etienne placées dans une châsse ; à droite, la guérison des estropiés qui invoquent son intercession. Au-dessus, Julienne, veuve du sénateur Alexandre, enterré à côté des reliques de Saint Etienne, autorisée à faire enlever le corps de son mari, enlève les reliques du Saint.

Dans le demi-médaillon à gauche, le voyage des reliques. -- Dans le compartiment inférieur du troisième grand médaillon, les démons cherchent en vain à arrêter leur marche, les miracles se font sur leur passage. — Dans le demi-médaillon de droite, Julienne confie son secret à un patron de navire.

4e grand médaillon. — A gauche, le diable veut faire périr le navire, mais Saint Etienne l'arrache à la fureur des flots. — A droite, Julienne apprend à l'empereur quelles reliques elle apporte, — Au-dessus, les mules du charriot qui les porte refusent d'avancer au delà d'un endroit marqué par Dieu. Dans le compartiment qui domine ce vitrail, on dépose les reliques et on construit une église pour les recevoir.

TROISIÈME GRANDE FENÊTRE.

Le Samaritain.

Les scènes représentées dans ce travail, doivent se lire du haut en bas.

Il est coupé en cinq zones ; chaque zone contient un médaillon circulaire, accompagné de quatre quarts de cercle.

Tous les médaillons du milieu sont consacrés à l'histoire du Samaritain ; les quarts de cercle renferment des scènes de l'Ancien et du Nouveau Testament.

Tout en haut, le voyageur quitte Jérusalem avec tous ses biens; dans les deux annexes, on voit la Création.

Dans la zone au-desssus, 1er médaillon, le voyageur a été dépouillé par des voleurs et laissé blessé : dans les quatre quarts du cercle, au médaillon principal, on voit la Création de l'homme, celle de la femme, leur prise de possession du Paradis terrestre, leur premier péché.

Dans le 2e grand médaillon, sans doute transposé, les voleurs dépouillent le voyageur. — Quarts de médaillons. — Dieu défend à l'homme et à la femme de manger du fruit de l'arbre du bien et du mal. —

(Transposé.) — Il les interroge après le péché. — Il les chasse du Paradis.

Dans le 3ᵉ grand médaillon, le voyageur blessé est rencontré par le prêtre et le lévite, et abandonné par eux. — Aux angles, Dieu parle à Moïse dans un buisson. — Moïse brise les tables de la Loi. — Aaron reçoit les bijoux des Juifs. — Adoration du veau d'or.

Dans le bas, le compartiment central est divisé en deux : dans la partie supérieure, le voyageur est recueilli par le Samaritain qui l'emmène sur son cheval; à gauche, Jésus-Christ est attaché à la colonne; à droite, il est crucifié.

Tout-à-fait en bas, la signature des donateurs du vitrail *(les Tisserands)*.

CHAPELLE DE LA CONCEPTION DE LA Sᵗᵉ VIERGE.

Les deux verrières de droite et de gauche de cette chapelle sont consacrées, l'une à Saint Martin, l'autre à Saint Denis; mais des restaurations maladroites ont transposé les panneaux de l'une à l'autre fenêtre, dans un tel désordre, qu'il est impossible de donner avec suite la description de ces vitraux. Il faut espérer qu'une prochaine restauration rétablira l'ordre. A ce désordre, se joint encore l'intercallation de quelques panneaux différents de forme, et provenant d'une verrière consacrée à Sainte Cécile.

La fenêtre du milieu est en partie cachée par le tableau de J. Boucher, dont nous avons parlé; les trois médaillons ronds, qu'on voit encore, sont divisés en douze compartiments.

Dans le premier, à gauche, au bas, Simon le Magicien essaie en vain de ressusciter un jeune homme que Saint Pierre rappelle à la vie. — A droite, Saint Pierre et Saint Paul en prière.

Saint Pierre et Simon le Magicien devant Néron.

Le done covadis (domine quo vadis), Saint Pierre fuyant Rome pour éviter la persécution, est retenu par Jésus-Christ. — Il est arrêté.

Il écrit sa dernière lettre aux fidèles.

Supplice de Saint Paul. — Supplice de Saint Pierre. — Anges encenseurs.

QUATRIÈME FENÊTRE.

Légende de l'Enfant prodigue.

Pour suivre les sujets de ce vitrail, il faut le lire ligne par ligne, allant toujours de gauche à droite et en remontant.

Les trois compartiments du bas représentent les donateurs *(les Tanneurs)*.

Dans le compartiment au dessus, l'Enfant Prodigue demande à son père sa part de fortune.

Dans les trois compartiments suivants, chargé d'or, il demande à son père des vases précieux. — Son frère travaille aux champs. — Le prodigue quitte la maison paternelle, à cheval, le faucon sur le poing, précédé d'un écuyer.

Le compartiment supérieur le représente en butte aux séductions d'une femme qui veut le faire descendre chez elle; son valet l'abandonne.

5e ligne. — Il descend chez cette femme. — Fêtes et plaisirs. — La femme le chasse de chez elle.

6e ligne. — Il joue aux dés ce qui lui reste.

7e ligne. — Il va mendier et est chassé à coups de bâtons. On lui offre d'être porcher. — Il garde les pourceaux.

8e ligne. — Il retourne chez son père, qui le reçoit à bras ouverts et lui fait apporter des vêtements.

9e ligne. — Le père fait tuer le veau gras — Le fils aîné rentre, et témoigne d'abord un mécontentement qui cède devant les explications du père.

10e ligne. — Au sommet, les deux fils sont réunis auprès de leur père.

CINQUIÈME FENÊTRE.

Vitrail de la Nouvelle Alliance.

Les trois petits médaillons du bas renferment la signature des donateurs *les Bouchers)*.

Dans le grand, Jésus Christ marche au Calvaire, placé entre les femmes de Jérusalem et Simon le Cyrénéen qui se met en devoir de porter la croix. — Au-dessus est écrit : « *Nolite flere super me.* »

Dans le compartiment, à gauche, Isaac marchant au supplice. — Le bois qu'il porte forme une croix bien distincte. L'inscription est : « *Pater Abraham.* »

Ensuite Isaac sur l'autel ; sous les pieds du bélier se lit : *Abraham et Ysa.*

Au-dessus de la scène précédente, l'Agneau Pascal immolé, et les portes marquées de son sang. L'inscription est : « *Scribe thau.* »

A gauche, Elie et la veuve de Sarepta. Elie porte sur une banderolle l'inscription : « *Magnus Elyas.* » Derrière la veuve est écrit : « *Mulier legens ligna.* — L'enfant de la veuve est représenté double, pour rappeler d'avance que le prophète lui donne plus tard une nouvelle vie ; en outre, sa robe est en partie rouge et verte (nous ferons remarquer que ce sont les *couleurs* de la ville de Bourges). Dans le petit médaillon au-dessus, Jésus-Christ mort sur la croix ; à sa gauche, l'*ancienne loy*, ou la synagogue, les yeux couverts d'un bandeau, la tête baissée, d'où sa couronne se détache et tombe ; elle porte de la main droite une bannière brisée ; de la gauche, elle laisse tomber les tables de la loi, sur lesquelles est écrit « *Sinagoga.* » — A droite, l'église voilée et couronnée, reçoit dans un calice le sang de Jésus-Christ.

Dans le petit médaillon, à gauche, Moïse faisant jaillir l'eau du rocher.

Dans le petit médaillon, à droite, le Serpent d'airain.

Dans le grand médaillon, au-dessus, la Résurrection de Jésus-Christ.

Au-dessous de la Résurrection, à gauche, le roi David sur son trône ; près de lui, un arbre dont la cime est couronnée par un large nid ; puis un pélican se perçant le flanc. — Enfin trois lions dont un accroupi, un autre étendu sans mouvement. L'inscription est : Hι leo forma S. — *Hic leo forma Salvatoris*.

Au dessus du roi David, le fils de la veuve de Sarepta, ressuscité par le prophète Elie.

En face, Jonas rejeté par la baleine.

Au sommet du vitrail, Ephraïm préféré à Manassé. L'inscription porte : *Joseph filii Ysaac*.

Ce vitrail est un de ceux qui ont été récemment restaurés par M. Thévenot, de Clermont; nous mentionnerons ces restaurations à mesure qu'elles se présenteront dans notre description. Disons de suite cependant, qu'elles ont été exécutées avec la science de l'archéologue et le talent du peintre verrier. Dans ce vitrail, il n'y avait rien à inventer : mais, dans plusieurs autres, notamment celui de Saint Etienne, douze panneaux ont été entièrement refaits. Il est difficile de s'identifier, plus que ne l'a fait M Thévenot, avec le caractère, le dessin et la couleur qui distinguent les vitraux du XIIIe siècle. Il faut un examen des plus attentifs pour reconnaître les parties neuves des anciennes. La teinte bleue, formant les fonds, est seule appréciable par la légère différence de tons qu'elle représente.

Il faut espérer que ces bons résultats détermineront qui de droit à faire achever ce qui a été si heureusement commencé.

CHAPELLE DE LA VIERGE.

Les vitraux de cette chapelle ayant été remplacés au XVIe siècle, ont été décrits avec la chapelle elle-même (1).

PREMIÈRE FENÊTRE A DROITE DE LA CHAPELLE DE LA VIERGE.

Le Jugement dernier.

Dans le bas, au milieu, se voit la signature des donateurs (*les Prêtres*). — Un prêtre bénit, un autre maudit, - à gauche, à côté, la bonne mort; à droite, à côté, le maudit est reçu dans la gueule enflammée de l'enfer.

Dans les quatre compartiments au-dessus, la Résurrection.

Dans le médaillon central qui vient ensuite, des groupes de bienheureux et de damnés ; à gauche, Abraham ; à droite, l'enfer.

Au dessus, le jugement des ames.

Dans les deux demi-médaillons latéraux, les bienheureux qui entourent le Seigneur.

Au-dessus, Saint Jean et la Vierge.

Dans le petit médaillon central, Jésus-Christ dans sa gloire, et dans les six médaillons supérieurs, des groupes d'anges.

(1) Voir la chapelle de la Vierge, page 97.

DEUXIÈME GRANDE FENÊTRE A DROITE DE LA CHAPELLE
DE LA VIERGE.

La Passion.

Ce vitrail est divisé en 27 médaillons alternativement ronds et quadrilobés. Pour suivre l'ordre des sujets, il faut prendre le premier rang d'en bas par la gauche, et suivre ainsi en remontant.

Les cinq premiers médaillons contiennent la signature des donateurs (*les Pelletiers*).

3e rang. — Entrée triomphante de Jésus-Christ à Jérusalem. — Zébédée monté sur un arbre.

4e rang. — Jésus-Christ au temple.

5e rang. — A droite, Jésus lave les pieds de ses apôtres. — A gauche, la Cène.

6e rang. — La résurrection de Lazare, — l'agonie, — les vendeurs chassés du temple.

7e rang. — Baiser de Judas, — dressement de la croix.

8e rang. — Judas payé pour sa trahison. — Jésus devant Pilate. — Jésus au pilier.

9e rang. — Jésus mis en croix, — Jésus détaché de la croix.

10e rang. — Mise au tombeau. — A gauche et à droite, groupe d'anges adorateurs.

11e rang. — A gauche, résurrection. — A droite, Jésus ferme la porte de l'enfer.

Tout en haut du vitrail, un ange porte le livre de vie.

CHAPELLE DE SAINTE-CATHERINE.

Légende de Saint Laurent.

C'est le vitrail de gauche ; il est divisé en médaillons formant 20 compartiments, dont 14 sont anciens ; les six autres ont été mis en 1848 par M. Thévenot, de Clermont.

Les compartiments anciens sont ainsi répartis, en partant du bas et remontant successivement de bas en haut, allant de gauche à droite :

Saint Laurent sommé par le gouverneur de Rome de livrer ses richesses. — Il amène ses trésors ; les pauvres qu'il nourrit.

L'empereur veut le forcer à sacrifier aux idoles. Il le fait dépouiller. — Il le fait fouetter, bâtonner et attacher à une colonne.

Baptême d'un des bourreaux qui se convertit (Saint Romain). — Le nouveau converti est décapité par ordre de Dèce.

Le dernier médaillon est consacré au supplice de Saint Laurent.

VITRAIL DU MILIEU.

Légende de Saint Étienne.

Il ne restait que huit panneaux anciens. Les huit du haut, représentant Saint Etienne emmené au supplice, suivi de Juifs qui portent des pierres pour le lapider.

Saint Paul gardant les vêtements des bourreaux.

La lapidation.

L'ame du Saint reçue par Dieu.

Les douze autres panneaux, qui complètent la vie du premier martyr, ont été refaits à neuf par M. Thévenot.

VITRAIL A DROITE.

Légende de Saint Vincent.

Il est divisé en 20 médaillons dont 14 du XIIIe siècle, les autres faits à neuf par M. Thévenot.

Les parties du XIIIe siècle sont :

Les supplices infligés à Saint Vincent, par ordre de Dacien, qui bat les bourreaux pour les exciter.

Dacien fait asseoir Vincent sur des charbons ardents, et lui en fait mettre sur la tête.

Vincent est reconduit en prison, où on le retrouve chantant des cantiques.

Dacien le fait mettre sur un lit, où il meurt.

Dacien fait jeter son cadavre aux animaux carnassiers. Un corbeau le défend contre eux.

Dacien fait jeter à la mer le corps du Saint, une meule au col.

Les panneaux ajoutés par M. Thévenot représentent le départ du pape Saint Sixte. Saint Vincent, dépositaire du trésor des chrétiens, le distribue aux pauvres. — Il lave les pieds aux pauvres, — il bénit Sainte Quiriace, — convertit Saint Crescentius.

TROISIÈME GRANDE CROISÉE A DROITE DE LA CHAPELLE
DE LA VIERGE.

L'Apocalypse.

Il n'y a pas de signatures de donateurs.

Au centre du premier grand médaillon, la manifestation du fils de l'homme sur la terre. — Au centre du second, sa grandeur dans le ciel. — Au centre du médaillon le plus élevé, son triomphe.

Dans les deux compartiments inférieurs du premier médaillon, les apôtres délivrent les hommes des liens du péché, et leur ouvrent les voies de la vie éternelle. — Dans les deux compartiments supérieurs, les 7 anges.

Dans les quatre compartiments extérieurs du grand médaillon du milieu, les 24 vieillards.

3e grand médaillon. — En bas, l'entrée des bienheureux au paradis. — En haut, à gauche, l'Agneau Paschal. — A droite, l'Eglise donne des couronnes aux bienheureux, et les nourrit de son lait.

Dans le haut du vitrail, les sept étoiles et les sept nuages.

QUATRIÈME GRANDE FENÊTRE A DROITE DE LA CHAPELLE
DE LA VIERGE.

Légende de Saint-Thomas.

Au bas, est la signature des donateurs *(les Tailleurs de pierre)*

A droite, Jésus-Christ donne Saint Thomas à Abanès, intendant de Gundofores, roi de l'Inde, qui est venu chercher un homme habile dans l'ar-

chitecture. — Dans le médaillon tronqué, à droite, Saint Thomas, avec la règle d'architecte, suit Abanès qui le tient par la main. — Au médaillon tronqué de gauche, les deux voyageurs sur un navire.—
— Dans le grand médaillon, à gauche, Saint Thomas est présenté au roi. Au-dessus est écrit : « *Rex Gu.* »

Dans les médaillons au dessus, Saint Thomas assiste au festin donné pour le mariage de la fille du roi.

Une jeune chanteuse juive joue de la flûte et chante. — Le saint semble dédaigner le repas, et l'échanson, furieux, frappe saint Thomas au visage. — Un lion dévore l'échanson. Au-dessus, est écrit : « *S. Thomas.* »

Sur le médaillon à gauche, le festin du roi — Au-dessus est écrit : « *S Thomas.* »

Dans le petit médaillon du centre, un chien apporte au roi la main de l'échanson.

Le roi ordonne à Saint Thomas de bénir les époux.

Au-dessus, à gauche, Saint Thomas bénit les deux époux. Au-dessous est écrit : « *India.* »

Dans le petit médaillon tronqué, à gauche, l'époux reconduit Saint Thomas; il tient à la main une branche de palmier, chargée de dattes.

Dans le médaillon opposé, le baptême des deux époux, convertis par Saint Thomas.

A droite, Saint Thomas présente à Gundofores le plan de son palais. — A gauche, le roi lui ouvre son trésor.

Au 3ᵉ grand médaillon, dans le compartiment inférieur à gauche, Saint Thomas, pendant l'absence du roi, distribue tous ses trésors aux pauvres. — A droite, à son retour, le roi, furieux de voir son trésor dissipé sans que son palais soit construit, fait jeter en prison Abanès et Saint Thomas. Dans le petit médaillon inférieur, la mort de Gad, frère du roi ; dans celui de gauche, son âme est reçue par les anges ; dans celui de droite, il raconte au roi son frère ce qu'il a vu dans le Paradis.

Le compartiment supérieur, à gauche du grand médaillon, Prédication de Saint Thomas aux Indiens — A droite, Saint Thomas sort des étuves où on l'avait jeté pour le faire périr.

Dans le petit médaillon, au sommet du vitrail, Saint Thomas refuse d'adorer l'idole du soleil ; il ordonne au démon d'en sortir, et est frappé d'un coup de lance par le grand-prêtre. — La main de Dieu bénit le martyr.

Ce vitrail est un de ceux restaurés par M. Thévenot.

CHAPELLE DE SAINT-FRANÇOIS.

PREMIER VITRAIL A GAUCHE.

Il est consacré à la lutte de Saint Jacques-le-Majeur avec Hermogènes ; mais ses panneaux sont dans un désordre qui ne permet pas d'en faire la description

VITRAIL DU MILIEU.

Saint Jean-Baptiste.

Ce vitrail ne compte plus que six médaillons.

En bas, le festin d'Hérode ; la fille d'Hérodiade danse devant le roi.

Décollation de Saint Jean. — Sa tête est remise à la fille d'Hérodiade.

Sa tête est apportée à Hérode. — Son âme est reçue au Paradis.

VITRAIL DU MILIEU.

Saint Jean.

Ce vitrail est divisé en vingt compartiments.

On les suit, en allant de gauche à droite et en remontant de ligne en ligne. En bas, la signature des donateurs *(les Boulangers)*

Ensuite, Marie femme de Zébédée.

Saint Joachim et Sainte Anne.

2e — Deux apôtres.

Sainte Anne avec Cléophas. — Marie, femme d'Alphée.

Quatre apôtres. — La Vierge entre Jésus-Christ et Saint Joseph.

Saint Jean accepte de boire dans une coupe empoisonnée. — Saint Jean écrivant son évangile.

Deux jeunes gens apportent du bois et des pierres par ordre de Saint Jean. — Saint Jean ressuscite Drusiana.

Saint Jean comparait devant Dioclétien. — Dieu annonce à Saint Jean sa fin prochaine.

Saint Jean plongé dans l'huile bouillante. — Il

change en or le bois et les pierres apportées par les jeunes gens.

Saint Jean ressuscite ceux que la coupe empoisonnée avait tués — Il meurt.

CINQUIÈME GRANDE FENÊTRE A DROITE DE LA CHAPELLE DE LA VIERGE.

Histoire de Joseph.

L'armature de ce vitrail forme trois grands médaillons principaux, séparés par de petits, circulaires, et divisés eux-mêmes en cinq compartiments, au moyen d'un quadrilatère qui occupe leur centre; en tout, vingt-un compartiments.

Ce vitrail se lit, en suivant les compartiments de bas en haut, et, sauf quelques transpositions, de gauche à droite.

Dans les trois premières sections, on voit la signature des donateurs *(les Charpentiers, Tonneliers, Cercliers et Charrons).*

Au-dessus, le songe de Joseph.

4e ligne. — Jacob envoie Joseph vers ses frères. — Ses frères complotent contre lui.

5e (transposé). — Allusion aux paroles de Jacob en bénissant Joseph.

6e — Joseph descendu dans la citerne par ses frères. — Ses frères rapportent sa tunique à leur père.

7e (transposé) — Joseph fait remplir les greniers de Pharaon.

8e — Joseph vendu à Putiphar. — Chasteté de Joseph.

7e — Berger avec ses troupeaux (transposé).

10e — Songe de Pharaon. — Faveur de Joseph auprès de Pharaon.

11e — Joseph vendu par ses frères (transposé).

12e — La coupe de Benjamin. — Joseph se fait reconnaître par ses frères.

13e — Il introduit Benjamin chez lui.

Dans les trois compartiments supérieurs, les sept étoiles et les sept nuages.

FENÊTRES DES MOYENNES NEFS.

Les verrières qui ornent encore quelques-unes de ces fenêtres, donnent une série, malheureusement interrompue, des archevêques de Bourges comptés au nombre des Saints Le chapitre a fait enlever, en 1760, ceux qui manquent aujourd'hui, pour rendre le chœur plus clair. Parmi ces saints, quelques-uns ne sont plus reconnaissables ; d'autres portent leurs noms, comme Saint Sulpice-Sévère, Saint Ursin, Saint Guillaume. Quelques-uns sont accompagnés de la signature des donateurs, tels que les bouchers, les pelletiers, les tablettiers, etc.

Sous le portrait de Saint Guillaume, est agenouillée la comtesse Mathilde de Nevers, sa nièce.

Le sixième, à gauche, est Saint Sulpice-Sévère ; le septième Saint Ursin, l'apôtre du Berry; à côté Saint Laurent; puis Saint Guillaume, précédé de Saint Etienne. La fenêtre qui est dans l'axe de l'église contient, 1° la Vierge avec l'enfant Jésus, dans une gloire en *vesica piscis* ou auréole. Au-dessous, l'Annonciation. — 2° Jésus Christ dans une gloire. Au-dessous, les anges du jugement dernier réveillent les morts.

Enfin viennent Saint Etienne et Saint Guillaume ; ce dernier, archevêque de Bourges, mort en 1209.

FENÊTRES DE LA HAUTE NEF.

Elles représentent la série des prophètes et des apôtres. Nous ferons remarquer ici, avec les auteurs des *Vitraux de Bourges,* que l'artiste, profitant de l'énorme hauteur (plus de 34 mètres) où cette partie de l'ornementation devait aller se placer, n'a recherché qu'un effet d'ensemble, sans s'occuper nullement des détails.

Voici dans quel ordre se trouvent les figures, en commençant par la gauche, et en réunissant celles qui occupent une même fenêtre :

Abacuc, Zacharias, Malachias.

Sophonias, Amos, Naum.

Micheas, Jonas, Abdias.

Aggeus, Johel, Osée.

Daniel, Ezechiel, Jeremias.

Ysaias, Moises.

David rex, S. Johannes.

Sta Maria, S. Stephanus (fenêtre de l'axe).

S. Petrus, S. Paulus.

S. Andreas, S. Johannes.

S. Thomas, S. Philippus, S. Jacobus.

S. Bartholomeus, S. Matheus, S. Simon.

S. Jacobus min., S. Barnabas.

S. Lucas, S. Matheus.

S. Cleophas, S. Silas.

Voici dans quels termes MM. les abbés Martin et Cahier finissent leur intéressant et bel ouvrage :

— « A gauche en entrant, dans la première travée

« dé la clairevoie du chœur, commence la série des
« prophètes, qui vous conduit par Saint Jean-Baptiste
« au Sauveur enfant, placé dans les bras de sa
« mère. A droite, après le patron du diocèse, les
« apôtres font face aux prophètes. Au-dessous, dans
« les moyennes nefs, les saints évêques, qui ont con-
« tinué, durant la suite des siècles, le premier apos-
« tolat. Au centre, Jésus-Christ représenté, cette fois,
« dans les deux mystères qui commencent et achèvent
« l'œuvre du salut : l'incarnation et le jugement.
« Enfin, dans la basse nef, les grandes pages sym-
« boliques et légendaires, c'est-à-dire la doctrine
« et l'exemple par les enseignements du dogme
« et de l'histoire. »

VERRIÈRE DU MUR PIGNON.

La verrière occidentale est divisée, par le bas, en deux grandes ogives formant six panneaux ; au dessus des ogives, sont deux quatre-feuilles. Le tout est surmonté de la grande rose.

Nous avons dit que ce fenestrage avait été primitivement établi aux frais du duc Jean ; mais, lors de la chûte de la tour du nord, cette partie ayant été gravement compromise, d'importantes réparations étaient devenues nécessaires ; de là, la perturbation qui se remarque dans la construction et même dans les vitraux, dont voici la description, autant qu'on peut la faire au milieu d'un certain désordre de transpositions et de mutilations.

Les deux panneaux du milieu représentent l'Annonciation, la Vierge, à droite, et l'ange, à gauche. Ce dernier tient un philactère sur lequel est écrit, en caractères du XVe siècle, *la Salutation Angélique*.

En suite de la Vierge, est un saint, puis un évêque nimbé et mitré. A côté de l'ange, est Saint Jacques, puis encore un évêque mitré et nimbé.

Le quatre-feuilles au dessus de l'ange, renferme les armes, mi-parti de France et d'Anjou ; celui au dessus de la Vierge, les armes du Dauphin, écartelées de France et du Dauphin.

Dans les triangles, au-dessous de la grande rose, on voit, à gauche, les armes de France, et à droite, celles d'un pape.

La grande rose forme une vaste mosaïque, sans sujets à figures.

Les verrières des fenêtres, qui éclairent l'extrémité occidentale des moyennes nefs, sont ornées des armes de France, de celles du cardinal Bohier, et du chapitre.

SCULPTURES.

La cathédrale de Bourges présente l'exemple, peut-être unique, d'une façade *pentaèdre* ou à cinq portails ; tandis qu'à N.-D. de Paris, de Reims, de Chartres, d'Amiens, partout enfin, les façades sont toujours *trinitaires* ou à trois portails, c'est à dire symboliques. Cette différence amène parfois la confusion dans la manière dont l'encyclopédie chrétienne est ici exposée.

Généralement, et sauf de rares exceptions, les façades trinitaires présentent, à la porte centrale, le Jugement dernier, les portails de droite et de gauche sont ordinairement consacrés au Christ et à la Vierge, ou bien encore à Saint Jean et au patron sous l'invocation duquel l'édifice est placé. Mais à Bourges, on a dérogé à cet ordre, presque partout adopté.

Portail du Jugement dernier.

Ainsi que nous l'avons dit déjà, le portail central est consacré au Christ et au Jugement dernier ; celui de gauche, à la Vierge; puis celui qui suit, à Saint Guillaume.

Le portail, à droite du centre, est dédié à Saint Etienne, premier martyr et patron de la cathédrale; celui à la suite, à Saint Ursin, premier prédicateur, qui vint prêcher la foi dans le Berry, et que la tradition prétend être le fondateur de la première église à Bourges.

Le portail central se divise en quatre parties distinctes : celle du bas est occupée par divers chapitres de la Genêse, tels que la Création de l'homme, de la femme — Adam et Eve dans le Paradis terrestre. — Ils succombent à la tentation. — Ils sont chassés. — Caïn tue son frère Abel. — Déluge. — Noé sort de l'arche, etc. Ces diverses scènes se déroulent au-dessus des ogives de l'arcature, formant le soubassement d'une plinthe. Cette plinthe portait autrefois les statues des apôtres, rangées par six de chaque côté ; mais elles ont été renversées et brisées par les huguenots. Quelques unes, deux ou trois, ont pu échapper à une destruction complète ; et, toutes mutilées, elles ont trouvé un refuge dans l'atelier des sculpteurs où nous les avons vues.

Le Christ adossé au meneau de la porte, est représenté debout et bénissant. Cette figure, qui a été placée, il n'y a pas longtemps, est une copie d'un Christ qui se voit à Amiens ; mais la copie est restée bien au-dessous de l'original.

La troisième partie, qui occupe le tympan de l'ogive, est consacrée au Jugement dernier. Ce grand tableau apocalyptique est divisé en trois zones superposées ; dans celle inférieure, on voit la Résurrection universelle : les morts sortent de leurs tombeaux ; dans la zone au-dessus, l'ange, armé de la balance, pèse les âmes ; les bienheureux sont assis à sa droite, et les âmes reçues dans le giron d'Abraham, assis à l'entrée de la cité sainte ; les maudits sont à sa gauche ; ils sont conduits et torturés par les démons jusqu'à la gueule de l'enfer, dans laquelle ils sont précipités, pendant que d'autres démons attisent le feu.

Dans la zone supérieure, le Christ Dieu est assis sur un trône ; à ses pieds, qui sont nus, est la terre sur laquelle se voient Adam et Eve succombant à la tentation ; à droite et à gauche du Christ, sont des anges, portant les instruments de son supplice. Toutes ces figures sont abritées par une arcature surmontée de pignons. Au dessus, le soleil et la lune et deux anges adorateurs. A droite de Dieu, dans la partie rampante, la Vierge à genoux, nimbée et couronnée, dans l'attitude de la prière ; à gauche, Saint Jean, le disciple bien-aimé, également à genoux.

Enfin la quatrième partie de cette belle décoration est formée de six rangs de la voussure. Le premier, au fond, se compose d'une suite de Trônes, Chérubins et Séraphins composant le cortége céleste ; ils ont plusieurs paires d'ailes repliées, qui les enveloppent et ne laissent voir que leur tête et leurs pieds.

Le second rang, qui vient après, est composé d'archanges adorateurs et d'anges ; ils n'ont qu'une seule paire d'ailes.

Le troisième rang est composé des rois de la Bible, des prophètes et des patriarches de l'Ancien-Testament. Ils sont assis et tiennent, la plupart, des livres et des philactères.

Dans les 4e, 5e et 6e rangs, où se remarquent quelques transpositions de figures, on voit des martyrs portant la palme, des prophètes, des Saints et des Saintes du Nouveau-Testament ; chaque rang est séparé par un boudin orné ; les pieds de chaque figure reposent sur un socle formant dais à la figure au-dessous.

Cette simple description suffit pour faire comprendre toute la beauté esthétique de cette immense composition, où tout se lie et se place d'une manière chronologique. C'est la Bible traduite en pierre.

Toutes les figures qui forment les six cordons s'élèvent et convergent vers le Dieu rédempteur qui, assis sur son trône, comtemple et domine cette brillante épopée.

Au-dessus de la voussure, dans le tympan du fronton aigu, est une rosace à jour, composée de huit compartiments trilobés. Au droit de chaque rayon de cette rosace, est une figure, dans une position ascendante, tenant une coupe à la main. Cette rosace est appuyée sur les côtés, à droite et à gauche, par deux niches dont l'arc trilobé repose sur des colonnes portées elles-mêmes par des culs-de-lampe. La niche de gauche renferme la Vierge, qui est à genoux et couronnée ; dans celle de droite est Saint Jean, aussi à genoux.

Enfin, au-dessus de la rosace, dans la partie supérieure du fronton, on voit le Christ assis et bénissant ; il a un nimbe crucifère. A sa droite, est la Vierge, à sa gauche, un ange encenseur. Le faîte du pignon est décoré d'une statue de Saint Etienne.

Nous avons quelques raisons pour croire que cette figure a été placée à cet endroit, postérieurement à la création du portail. Il est contraire, en effet, aux principes iconographiques généralement adoptés, de placer l'image d'un saint au-dessus de Dieu. Toutefois, ce n'est qu'un doute que nous émettons ; mais il nous semble qu'une croix a dû terminer originairement ce pignon.

PORTAIL DE LA VIERGE.

Le portail qui vient à la suite, à gauche du spectateur, mais à la droite du Christ, est consacré à la Vierge Dans le soubassement se continue la suite des scènes de la Genèse.

La plinthe au-dessus est veuve des huit statues, quatre de chaque côté, qui l'ont décorée autrefois.

Le tympan est divisé en trois bandes horizontales. La bande inférieure représente la mort de la Vierge ; les Ecritures disent que le moment de sa fin étant arrivé, tous les apôtres se trouvèrent réunis autour de son lit ; c'est le moment choisi par le sculpteur.

La bande au-dessus représente son Assomption ; des anges la transportent au ciel.

Enfin la partie haute du tympan représente son couronnement. Agenouillée aux pieds du Christ, elle reçoit de ses mains la couronne glorieuse qui confirme son titre de reine des cieux.

Les quatre cordons de la voussure sont formés d'anges adorateurs, tous tournés vers l'apothéose de la Vierge.

Il est probable qu'au meneau de la porte, était autrefois adossée sa statue ; ce portail est un de ceux qui ont le plus souffert lors de la chute de la tour du nord ; peut-être aussi a-t-elle disparu sous le marteau des Iconoclastes huguenots.

PORTAIL SAINT-GUILLAUME.

Le portail ensuite, placé au pied de la tour neuve, est consacré à Saint Guillaume, archevêque de Bourges, mort en 1209. Il est possible que cette consécration ne date que de la reconstruction de cette tour, en 1507, car il est difficile de croire qu'on l'eût faite du vivant de l'archevêque.

Le soubassement, qui règne à peu près à la même hauteur que celui des autres portails, est formé de colonnettes couronnées de dais formant la plinthe qui supportait autrefois huit statues, quatre de chaque côté. La statue de Saint Guillaume, dont la tête a été brisée par les Huguenots, est adossée au meneau de la porte. Elle repose sur un piédestal ; un riche dais la surmonte.

Le tympan de l'église est divisé en trois bandes horizontales, séparées verticalement par le pinacle du dais milieu. La bande inférieure et celle au-dessus, présentent des scènes se rattachant à la construction de la cathédrale, à laquelle Saint Guillaume contribua beaucoup.

La bande supérieure reproduit un miracle opéré par le saint archevêque. La tradition raconte qu'un homme fort et furieux allait partout, provoquant chacun à la lutte ; le diable jeta son dévolu sur son âme ; mais, désespérant de pouvoir l'enlever à Saint Guillaume, pasteur vigilant du troupeau confié à ses soins, il usa d'un stratagème : prenant la forme humaine, il provoqua l'homme furieux, espérant épuiser ses forces dans la lutte et lui faire rendre l'âme, puis s'en emparer ; mais, Guillaume, prévenu de ce qui se passait, se rend à la place *Gordaine*, où le combat avait lieu ; le démon, pressentant son arrivée, ne l'attendit pas, et s'enfuit sous la forme d'un loup.

Un auteur du XVIe siècle prétend que le même sujet était représenté sur le tombeau de Saint Guillaume.

Les quatre cordons de la voussure sont formés d'anges, de prophètes et de docteurs, ayant des dais pour supports et pour abris.

Toute la sculpture de ce portail appartient au style de la Renaissance, c'est-à-dire qu'elle est fine, coquette et habilement exécutée, mais qu'elle n'est pas empreinte du sentiment ascétique et mystique, exprimé par la statuaire du XIIIe siècle.

On comprend, en étudiant ce portail, que l'art religieux est détrôné par l'art mondain.

PORTRAIT DE SAINT-ÉTIENNE.

Le portail à droite de celui du centre, est consacré à Saint Etienne, premier martyr et patron de la cathédrale. La partie basse est formée par une arcaiure, au-dessus de laquelle sont représentées des scènes de l'Ancien Testament.

Ainsi qu'aux autres portes, la plinthe au-dessus ne supporte plus les huit figures dont elle a été ornée; les dais seuls, sous lesquels elles étaient abritées, indiquent leur nombre et leur place.

La statue de Saint Etienne est adossée au jambage meneau de la porte: elle repose sur une colonne, un dais la surmonte. Le saint est représenté, tête nue, et en costume de diacre. Cette statue moderne est l'œuvre de M. Caudron, auquel on doit également le Christ bénissant du portail central.

Le tympan de l'ogive est divisé en trois bandes horizontales. La première, dans le bas, représente, à gauche, l'ordination de Saint Etienne et de six autres diacres par les apôtres; à droite, on l'entraîne hors de la synagogue pour le lapider.

La bande au-dessus représente son supplice; le saint martyr est à genoux, les yeux et les mains levés vers le ciel, pendant que ses bourreaux le lapident; à gauche, sous un arbre, est le jeune *Saul*, qui prit plus tard le nom de *Paul*; il garde les vêtements dont se sont dépouillés les massacreurs

Le sommet du tympan est occupé par le Christ, assis sur un trône; un nimbe cruciforme orne sa tête; de la main droite, il bénit, et tient, de la gauche, le globe terrestre; à sa droite et à sa gauche, sont deux anges adorateurs, et deux autres qui encensent.

La voussure est formée de quatre cordons, dont les deux premiers sont composés d'anges adorateurs, tournés vers le Christ. Les deux autres cordons sont formés de prophètes, de docteurs et de confesseurs. Plusieurs de ces figures tiennent des philactères.

PORTAIL SAINT URSIN.

Le dernier portail à droite, au pied de la vieille tour, est dédié à Saint Ursin, apôtre et premier évêque du Berry. Au soubassement, sont des scènes de l'Ancien Testament, faisant suite aux précédents. La statue de Saint Ursin, en costume épiscopal, est adossée au meneau milieu ; elle est posée sur une colonne et abritée sous un dais.

Les trois bas-reliefs du tympan sont entièrement consacrés à reproduire diverses scènes de sa vie ; mais ici la légende, qui fait de Saint Ursin un des 72 disciples de Jésus-Christ qui avaient assisté à tous les actes qui se sont accomplis, depuis la Cène jusqu'au supplice de Saint Pierre, ne serait pas d'accord avec cette autre version, qui veut que Saint Ursin soit venu dans les Gaules, vers le milieu du III° siècle. Quoi qu'il en soit, c'est d'après la première légende que les scènes représentées semblent avoir été conçues par le statuaire. En effet, on voit, dans celles du bas, Saint Ursin recevant sa mission du pape Saint Clément, qui tient les clefs de l'Eglise de la main gauche, et bénit de la droite. Derrière Saint Ursin, se tient debout Saint Just, son compagnon de mission. — Plus loin, Saint Ursin porte les reliques de Saint Etienne dans un coffret ; — puis Saint Just meurt au village de Chambon, qui, depuis, a pris son nom, et Saint Ursin l'ensevelit. Enfin, on le voit à Bourges, accomplissant sa mission.

Dans le bas relief au dessus, on voit à droite Saint Ursin ; Léocade, à genoux, est à ses pieds. A gauche, Saint Ursin, debout et de profil, en costume épiscopal, bénit l'église qu'il a fait construire.

et dans laquelle il dépose les reliques de Saint Etienne. Il est accompagné de plusieurs diacres en costume.

Le bas-relief, au sommet de l'ogive, représente le baptême de Léocade et de son fils Lusor, par Saint Ursin.

La voussure est composée de quatre cordons de figures, séparés par un double tore sans ornements. Les deux cordons près le tympan sont formés d'anges en adoration; les deux autres, de figures qui ont été remplacées au XVIe siècle. Ces figures sont celles de diacres et de docteurs, portant des livres ou des rouleaux.

Toutes ces voussures portent encore des traces de couleurs.

On voit à droite, sous le portail de Saint Etienne, dans une des scènes de la Genèse, la signature du sculpteur, en lettres du XIVe siècle. † AGUILLON DE DROVES. N'en trouvant aucune autre, on peut en conclure que c'est le même artiste qui a sculpté toute cette partie, renfermant l'Ancien-Testament.

PORTAIL LATÉRAL DU SUD

Il nous reste à décrire les sculptures qui ornent les deux portes romanes placées sur les faces latérales

Celle du sud est consacrée au Christ, dont la statue en pied est adossée au jambage milieu de la porte; le Rédempteur est représenté bénissant de la main droite; la gauche, cachée sous les plis de son manteau, devait supporter le globe terrestre Cette figure, qui est très-mutilée, n'est pas de l'époque romane, à laquelle appartient tout le reste de la sculpture ; elle est postérieure, et rappelle une des figures du portail nord de la cathédrale de Reims, connue sous le nom du *beau-Christ*.

Le linteau de la porte présente une arcature de 12 niches renfermant chacune un des apôtres. Dans le tympan qui est au-dessus, le Christ est assis dans une gloire, *vesica piscis*. Il est entouré des attributs des quatre évangélistes, qui sont nimbés, et dans la même disposition où ils se trouvent à la porte occidentale de Chartres, avec laquelle la porte que nous décrivons a beaucoup de rapports, comme style, arrangement et exécution.

De chaque côté de la porte sont trois figures, représentant des rois et des prophètes. Elles reposent sur des piédestaux-colonnes, et sont abritées sous des dais formés d'architecture figurant des villes. Le haut se termine en colonnes dont les chapiteaux, richement historiés, supportent trois cordons ; le premier, près du tympan, est formé d'anges adorateurs ; le deuxième est formé d'apôtres, de rois et de prophètes ; enfin le troisième, formant boudin, est décoré d'une riche ornementation romane d'un beau travail.

Toute cette sculpture porte la trace des couleurs dont elle a été peinte autrefois.

Nous devons réparer une omission que nous avons faite en parlant de ce porche. Nous avions oublié de mentionner des inscriptions qui s'y trouvent. Elles sont en caractères du XVIe siècle, gravées en creux dans la pierre, et forment six versets dont voici quelques uns :

> Bien curés tousiours seront
> Ceulx qui pleurent car ils riront

Et qui sont pouvres d'esprit
Les pouvres qui endureront
A la fin Paradis auront
Et le riche souvent perit.

Les pauvres qui ont pacience
Et vivent selon conscience
En suivant amour et concorde
S'ils endurent leur indigence
Et la prenent pour suffisance
Ils acquereront misericorde

Donés vous qui par cy passés
L'aumosne pour les trespassés
Pour les mectre hors de purgatoire
Au moien du bien et aumosne
Que chascun pour eulx fait et donne
Ils ont de Paradis la gloire.

Ce dernier verset a été, en partie, biffé et tailladé par les pertuisanes des huguenots, lorsqu'ils occupèrent la ville, en 1562. Et pourtant, ces maximes, qui semblent avoir été gravées en prévision de l'époque où nous vivons, devraient être acceptées par tous les partis politiques comme par toutes les sectes religieuses.

PORTAIL LATÉRAL DU NORD.

Ce portail est dédié à la Vierge ; il porte le nom de N. D. de Grâce, parce qu'avant qu'il ne fût dévasté par les protestants, la statue de la mère de Dieu était adossée au jambage milieu de la porte. Cette figure a été remplacée par une peinture, en partie effacée aujourd'hui.

Le linteau de la porte est décoré d'une riche frise en rinceaux d'acanthes, d'un travail comparable à l'antique, pour la beauté du style et la finesse de l'exécution. Dans le tympan au-dessus, sont plusieurs scènes de la vie de la Vierge, telles que l'Annonciation et la Visitation. Au centre, la Reine des cieux, tenant l'enfant Jésus sur ses genoux, est assise sur un trône, et abritée sous un riche dais. A droite et à gauche de la porte, sont quatre figures, deux de chaque côté, comme celles de la porte du sud ; elles représentent des rois et des prophètes, et sont abritées sous de riches dais ; les boudins qui reposent sur les six chapiteaux des colonnes, sont ciselés d'ornements romans d'une rare finesse d'exécution.

Telles sont, dans leur ensemble, les sculptures qui décorent la cathédrale. Elles présentent 1680 figures de toute dimension. En y joignant celles des vitraux, on trouve le chiffre de 4131 personnages, peints ou sculptés, de proportions, attitudes et costumes divers.

Quel est le monument moderne dont la décoration réunirait autant de luxe et de richesses artistiques ?

En terminant ici cette notice, nous faisons une simple réflexion, qui résumera toute notre pensée sur l'intéressant monument que nous venons de décrire. Nous dirons : si, comme œuvre architecturale, la cathédrale de Bourges est, dans quelques unes de ses parties, parfois inférieure aux cathédrales de Reims, de Chartres ou d'Amiens, sa sculpture et ses vitraux sont, du moins, comparables à ce que renferment de plus parfait en ce genre, ces modèles de l'art chrétien.

FIN.

TABLE DES MATIÈRES.

Chap. I. —	Coup-d'œil général.	5
Chap. II. —	Façade principale	17
	Façade latérale.	26
Chap. III. —	Intérieur.	42
Chap. IV. —	Eglise souterraine	57
Chap. V. —	Chapelle des Fonts	74
	Chapelle Sainte-Claire.	77
	Chapelle Saint-Loup.	82
	Chapelle Saint-Denis.	84
	Chapelle Saint-Jean Baptiste.	86
	Chapelle Saint-Benoit.	88
	Chapelle Saint Ursin.	91
	Chapelle Sainte Croix.	95
	Chapelle de la Conception de la Vierge	96
	Chapelle de la Vierge.	97
	Chapelle Sainte-Catherine	101
	Chapelle Saint-François	103
	Chapelle Sainte-Solange.	104
	Chapelle Saint Nicolas	106
	Chapelle des Tullier.	109
	Chapelle du Sacré-Cœur.	110
	Chapelle de la Trinité	112
	Chapelle des Copin	114
Chap. VI. —	Description des Tours	117
	Grand mur-pignon.	137
	Charpente.	139
	Couverture	140
	Flèche en charpente	140
	Cloches.	141
Chap. VII. —	Chœur et Sanctuaire.	145
	Sépultures.	152
	Caveau des archevêques	159
Chap. VIII. —	Sacristies	164
	Salle du chapitre.	166
	Trésor.	167
	Reliques.	171
	Mobilier.	172
	Objets d'art.	181
Chap. IX. —	Incendies, Désastres.	184
Chap. X. —	Iconographie des vitraux et des sculptures	199
	Vitraux du XIIIe siècle.	202
	Sculptures	225

MOULINS, TYP. DE P. A. DESROSIERS.

www.ingramcontent.com/pod-product-compliance
Lightning Source LLC
Chambersburg PA
CBHW071908160426
43198CB00011B/1211